Collana

Demos

Vladimir Lenin

STATO E RIVOLUZIONE

Collana Demos
Stato e rivoluzione
di Vladimir Lenin
Prima edizione: settembre 2023
© 2023, Santelli Editore

Gruppo Editoriale Santelli

Santelli editore *dal 1987*
Via P. Calamandrei, 1
Cinisello B. - Milano - 20092
340.9481047
www.santellieditore.it
www.grupposantelli.it

Titolo edizione tedesca: *Staat und Revolution*
Editore tedesco: Das Freie Buch, 2001
Traduzione dal tedesco: Christian Kolbe

Prefazione alla prima edizione

Ai giorni nostri il problema dello Stato assume una particolare rilevanza, sia dal punto di vista teorico, che dal punto di vista pratico. La guerra imperialista ha accelerato e acutizzato al massimo grado il processo di trasformazione del capitalismo monopolistico in capitalismo monopolistico di Stato. La mostruosa oppressione delle masse lavoratrici da parte dello Stato, il quale si fonde sempre più strettamente con le onnipotenti associazioni dei capitalisti, acquista proporzioni vieppiù gigantesche. I paesi più avanzati si trasformano – facciamo riferimento alle loro "retrovie" – in istituti di pena per gli operai. Gli inauditi orrori e flagelli di una guerra di cui non si vede la conclusione rendono la situazione delle masse insostenibile, ne aumentano l'indignazione. La rivoluzione proletaria internazionale matura in modo visibile e il problema del suo atteggiamento verso lo Stato assume un significato pratico. Gli elementi di opportunismo, che si sono venuti accumulando nel corso di decenni di sviluppo relativamente pacifico, hanno fatto sorgere la corrente social-sciovinista[1] che domina nei partiti socialisti ufficiali di tutto il mondo. Questa corrente (Plekhanov, Potresov, Breshkovskaya[2], Rubanovic e,

---

1 Nde. Con questo termine, Lenin si riferiva in particolar modo alle organizzazioni social-democratiche di tanti paesi europei, le quali avallavano una politica socialmente attenta all'interno dei confini nazionali, ma nel contempo imperialista nei confronti delle nazioni più deboli, atteggiamento che contrastava con la portata internazionalistica del pensiero marxista.

2 Nde. Georgij Valentinovic Pleckanov (1856 – 1918) fu un filosofo e politico russo, reputa-

in forma appena velata i signori Tsereteli, Cernov[3] e consorti in Russia; Scheidemann, Legien, David[4] e altri in Germania; Renaudel, Guesde, Vandervelde[5] in Francia e nel Belgio; Hyndman e i *fabiani* in Inghilterra ecc[6]...) – che è socialismo a parole e sciovinismo nei fatti – si distingue per l'andamento piatto, servile dei "leader" del "socialismo" agli interessi non solo della propria

to il padre del marxismo russo. La sua opera Il socialismo e la lotta politica, fu considerato dalla generazione di Lenin come l'equivalente russo del Manifesto di Marx ed Engels. Potresov, Aleksander (1869-1934) fu un rivoluzionario russo inizialmente molto vicino a Lenin. Oppositore della Rivoluzione d'ottobre, lasciò il Partito menscevico e, nel 1919, aderì all'Unione per la salvezza della Russia. Catherine Breshkovskaya (1844 – 1934) fu una delle protagoniste del movimento socialista russo e tra i fondatori del Partito Rivoluzionario Russo. Trascorse gran parte della sua vita adulta in esilio in Siberia a causa delle sue idee politiche. Dopo l'ottenuta libertà lasciò l'Unione sovietica a causa della sua opposizione al governo stalinista.

3 Nde. Iraklij Tsereteli (1882-1959), uomo politico e patriota georgiano, militò sin da giovane nella socialdemocrazia russa. Ministro delle Poste e Telegrafi nel governo provvisorio conseguente alla Rivoluzione (maggio 1917), tornò in Georgia nel 1918, dove fu a capo del governo menscevico di quella repubblica sino al dicembre 1920, quando emigrò in Francia. V. M. Cernov (1873 – 1952) fu un rivoluzionario e politico russo, tra i fondatori del Partito Socialista Rivoluzionario. Redattore del giornale Russia Rivoluzionaria, sotto il governo Kerenskij fu ministro dell'Agricoltura nonché Presidente dell'Assemblea costituente russa, insediata per poche ore tra il 5 e il 6 gennaio 1918. In seguito all'ascesa al potere dei bolscevichi, divenne membro del governo anti-bolscevico a Samara, prima di fuggire in Europa e poi negli Stati Uniti.

4 Nde. Philipp Scheidemann (1865 – 1939), politico tedesco, a seguito della conclusione della Prima guerra mondiale e della proclamazione della Repubblica in Germania, fu nominato capo del Governo Provvisorio, nonché Cancelliere dall'Assemblea Nazionale riunita a Weimar nel febbraio del 1919, alla guida di un governo di coalizione. Pochi mesi dopo, non potendo appoggiare il Trattato di Versailles che riteneva eccessivo per il paese, si dimise. Carl Legien (1861 – 1920) fu un sindacalista e politico tedesco, deputato al Reichtag dal 1893 al 1898 e poi dal 1903 al 1920. Aaron David Gordon (1856 -1922) fu un filosofo ebreo russo, fondatore di un movimento che diede il via, negli anni a seguire, al movimento sionista.

5 Nde. Pierre Renaudel (1871 – 1935) fu tra i fondatori del Partito Socialista di Francia. Editore del quotidiano L'Humanité, fondò il settimanale La vie Socialiste. Jules Bazile, noto come Guesde (1845 – 1922) fu un politico e giornalista francese, che diffuse in Francia le idee marxiste attraverso il suo giornale L'Egalité. Nel 1882 fondò il Partito Operaio Francese. Emile Vandervelde (1866 – 1938), fondò il Partito Operaio Belga e ricoprì numerosi incarichi politici. Massone, era iscritto alla Loggia Les Amis philanthropes di Bruxelles.

6 Nde. Henry Hyndman (1842 – 1921) fu il primo noto marxista britannico. Nel 1881 pubblicò England for all, il primo libro socialista pubblicato in Inghilterra dopo cinquant'anni. Il Fabianesimo, nato in Inghilterra alla fine del XIX secolo costituì un movimento politico e sociale di ispirazione socialdemocratica. Fondato sull'associazione Fabian Society, istituita a Londra nel 1884, aveva lo scopo di risollevare le classi lavoratrici, per permettere loro di assumere il controllo dei mezzi di produzione.

borghesia nazionale, ma precisamente del proprio Stato, perché da tempo la maggior parte delle cosiddette grandi potenze sfruttano e asserviscono numerosi popoli piccoli e deboli. Orbene, la guerra imperialista è giustappunto un conflitto per la spartizione e la ridistribuzione di un tale bottino. La lotta per sottrarre le masse lavoratrici all'influenza della borghesia in generale e in particolare della borghesia imperialista è impossibile senza una lotta contro i pregiudizi opportunistici dello Stato. Esamineremo in primo luogo la dottrina di Marx e di Engels riguardo allo Stato, soffermandoci sugli aspetti di questa dottrina che sono stati dimenticati o travisati dall'opportunismo. Studieremo poi nel dettaglio il più autorevole rappresentante di queste deformazioni, Karl Kautsky, il leader più celebre della Seconda Internazionale (1889-1914) così miseramente fallita nel corso del conflitto attuale[7]. Tratteremo infine i principali insegnamenti dell'esperienza delle rivoluzioni russe del 1905 e, soprattutto, del 1917[8]. Quest'ultima, a quanto pare, volge in questo momento (primi d'agosto del 1917) al termine della sua prima fase di sviluppo; ma tutta questa rivoluzione non può essere concepita se non come un anello della catena delle rivoluzioni proletarie socialiste provocate dalla guerra imperialista. La questione dell'atteggiamento della rivoluzione socialista del proletariato nei confronti dello

---

7 Nde. La Seconda Internazionale, fondata a Parigi nel 1889, fu da subito lacerata dai contrasti tra ortodossi, capitanati da Karl Kautsky (1854 – 1938) e revisionisti, guidati da Eduard Bernstein (1850 – 1932). La Seconda Internazionale crollò sotto i colpi della Grande Guerra; infatti, nonostante si fosse stabilita la piena opposizione alla guerra, nel corso del congresso di Stoccarda (1907), non appena il conflitto ebbe inizio, i singoli partiti socialisti sostennero la politica del proprio paese e l'organizzazione si sciolse.

8 Nde. La rivoluzione del 1905 scoppiò nell'impero zarista a seguito della sconfitta nella guerra russo-giapponese. Essa ebbe inizio nel gennaio di quell'anno con una serie di manifestazioni popolari che culminarono nella drammatica giornata del 22, passata alla storia come la domenica di sangue, per la violenta repressione delle truppe imperiali. Seguirono scioperi in tutto il paese e la chiusura di alcune università, dove docenti e studenti avevano protestato. L'evento simbolo di questa rivoluzione fu senza dubbio l'ammutinamento dei marinai dell'incrociatore Potëmkin, a Odessa. Nella capitale, a Mosca e in altri centri vennero fondati i primi soviet operai. Verso la fine del 1905 il governo riuscì, grazie ad alcune concessioni accompagnate da una pesante repressione, a riprendere il controllo del paese. La rivoluzione del 1917 portò al rovesciamento dell'impero russo capitanato dal regime zarista e alla formazione della Re-pubblica Socialista Federativa Sovietica Russa.

Stato acquista quindi non solamente un significato politico pratico, ma anche un carattere di scottante attualità perché si tratta di far comprendere alle masse che cosa dovranno fare per liberarsi, in un futuro prossimo, del giogo del capitale.

Agosto 1912
Vladimir Lenin

Prefazione alla Seconda Edizione

Questa edizione si differenzia dalla prima per una sola aggiunta: il terzo paragrafo del secondo capitolo.

17 dicembre 1918
Vladimir Lenin

I

La società classista e lo Stato

LO STATO PRODOTTO DELL'ANTAGONISMO INCONCILIABILE TRA LE CLASSI

Accade oggi alla dottrina di Marx quello che sovente è avvenuto a tutte le dottrine rivoluzionarie prodotte dai leader delle classi oppresse in lotta per la liberazione. Le classi dominanti hanno sempre ricompensato i grandi pensatori rivoluzionari, durante la loro vita, con implacabili persecuzioni. La loro dottrina è sempre stata accolta con la peggiore brutalità, con odio e con campagne diffamatorie. Ma dopo il loro decesso, si cerca di trasformare questi grandi pensatori in icone inoffensive, di canonizzarli, per così dire, di cingere di una certa aureola di gloria il loro nome a consolazione e mistificazione delle classi oppresse, mentre si provvede a svuotare di contenuto la loro dottrina rivoluzionaria, se ne smussa la punta, la si avvilisce. La borghesia e gli opportunisti in seno al movimento operaio si accordano oggi per sottoporre il marxismo a un certo "trattamento". Si dimentica, si snatura, si respinge il lato rivoluzionario della dottrina, la sua anima rivoluzionaria. Si mette in primo piano e si esalta ciò che è o pare accettabile alla borghesia. Tutti i social-sciovinisti – non ridetene – sono oggi "marxisti". E gli scienziati borghesi tedeschi, fino a ieri specializzati nello sterminio del marxismo, parlano con sempre maggiore frequenza di un Marx "nazional-tedesco"

13

che avrebbe educato i sindacati operai, così magnificamente organizzati per condurre una guerra di rapina! Stando così le cose e visto che le deformazioni del marxismo si sono diffuse in maniera tanto rapida, nostro dovere è in primo luogo *ristabilire* la vera dottrina di Marx sullo Stato. Dovremo a tal fine fare lunghe citazioni alle opere stesse di Marx e di Engels. Ovviamente queste esaustive citazioni appesantiranno il testo rendendolo non adatto alla comprensione del lettore poco attento. Tutti i passi, o quantomeno tutti i passi fondamentali di Marx e di Engels sullo Stato, debbono essere riportati in maniera quanto più possibile integrale, affinché il lettore possa farsi un'idea personale dell'insieme delle concezioni dei fondatori del socialismo scientifico, dello sviluppo di queste concessioni e anche per dimostrare prove alla mano, in modo chiaro, che il "kautskismo" attualmente dominante le ha trascurate. Iniziamo con l'opera più diffusa di F. Engels, *L'origine della famiglia, della proprietà privata e dello Stato*, pubblicato già nella sesta edizione a Stoccarda nel 1894. Dobbiamo tradurre dall'originale tedesco perché le traduzioni russe, per quanto numerose, sono nella maggior parte incomplete e poco scrupolose. Dice Engels:

"Lo Stato, arrivando alle conclusioni della sua analisi storica, non è affatto una forza imposta alla società dall'esterno e neppure 'la realtà dell'idea etica' o 'l'immagine è la realtà della ragione', come sostiene Hegel. Esso è piuttosto un prodotto della società giunta a un determinato stato di sviluppo, è la conferma che questa società si è avvolta in una contraddizione insolubile con se stessa che non può eliminare. Ma perché questi antagonismi, queste classi con interessi economici antagonisti, non distruggano se stessi e la società, trascinandola in una sterile lotta, sorge la necessità di una potenza che si trovi in apparenza al di sopra della società stessa, che attenui il conflitto, lo contenga nei limiti dell'ordine. E questa forza, che proviene dalla società, che si pone al di sopra di essa e che da essa si estranea sempre più è lo Stato".

Qui è espressa chiaramente la concezione fondamentale del marxismo nella sua funzione storica e sul suo significato dello

Stato. Lo Stato è il prodotto e la manifestazione degli antagonismi inconciliabili tra le classi. Lo Stato compare laddove, quando e nella misura in cui gli antagonismi non possono essere oggettivamente conciliati. E, per converso, l'esistenza dello Stato è prova che gli antagonismi di classe sono inconciliabili.

Ed è proprio su questo punto di capitale e fondamentale rilevanza che ha inizio la deformazione del marxismo, deformazione che segue due linee principali. Da un versante, gli ideologi borghesi e in particolare piccolo-borghesi, costretti a riconoscere, sotto la pressione di accadimenti storici incontestabili, che lo Stato esiste solo dove sussistono antagonismi di classe e la lotta di classe, "correggono" Marx in modo tale che lo Stato appare come l'organo della conciliazione tra le classi. Per Marx se la conciliazione tra le classi fosse possibile, lo Stato non avrebbe potuto nascere, né continuare a esistere. Secondo i professori, i pubblicisti piccolo-borghesi e i filistei – che sovente fanno riferimento a Marx – è proprio lo Stato a fare opera di conciliazione tra le classi. Per Marx lo Stato è l'organo del *dominio* di classe, un organo di *oppressione* di una classe su un'altra; è la creazione di un "ordine" che legittima, legalizza e rinsalda questa oppressione, attenuando il conflitto tra le classi. Per gli uomini politici piccolo-borghesi l'ordine è rappresentato dalla conciliazione delle classi e non dall'oppressione di una classe sull'altra: attenuare il conflitto per essi significa conciliare e non già privare le classi oppresse di determinati strumenti e mezzi di lotta per rovesciare gli oppressori. Così, nella rivoluzione del 1917, quando la questione del significato e della funzione dello Stato, esaminata in tutta la sua ampiezza, si pose da subito come un problema di azione immediata e per di più di azione di massa, tutti i socialisti-rivoluzionari e i menscevichi caddero facilmente nella teoria "piccolo-borghese" della conciliazione delle classi per opera dello Stato. Innumerevoli risoluzioni e articoli di uomini politici di quei due partiti sono profondamente impregnati di questa teoria "piccolo-borghese e filistea della conciliazione". Che lo Stato sia l'organo di dominio di una determinata classe che non può trovare conciliazione con il suo opposto, la democrazia piccolo-borghese non sarà mai in grado di comprenderlo. L'atteggiamento dei nostri socialisti-rivoluzionari e dei nostri menscevichi verso lo Stato è una delle prove più evidenti che essi non sono affatto socialisti – cosa che noi bolscevichi abbiamo sempre dimostrato – ma democratici piccoloborghesi che si avvalgono di una fraseologia quasi socialista. D'altra parte, la deformazione "kautskiana" del marxismo è molto più sottile. "Teoricamente" non si contesta che lo Stato sia l'organo del dominio di classe, né che gli antagonismi di classe siano inconciliabili. Ma si trascura o attenua quanto segue: se lo Stato è un prodotto dell'inconciliabilità degli antagonismi di classe, se esso è una forza che sta al di sopra della società e che *si estranea sempre più* dalla società, è palese quanto la liberazione della classe oppressa sia impossibile senza una rivoluzione violenta e senza la completa distruzione dell'apparato del potere statale che è stato generato dalla classe dominante e nel quale questa "estraneazione" si è materializzata. Questa conclusione, teoricamente di per sé chiara, è stata tratta da Marx con assoluta precisione, come vedremo in seguito, dall'analisi storica concreta dei compiti della rivoluzione. Kautsky ha "dimenticato" e male interpretato appunto questa conclusione, come mostreremo nel dettaglio nel proseguo della nostra esposizione.

Distaccamenti speciali di uomini armati, istituti carcerari ecc.

"Nei confronti dell'antica organizzazione gentilizia – della tribù o dei clan – continua Engels – il primo segno distintivo dello Stato è la divisione dei cittadini secondo il territorio".

Questa visione a noi pare naturale, ma essa richiese un'estenuante lotta con l'antica organizzazione per clan o per stirpi.

"Il secondo punto è l'istituzione di una forza pubblica che non coincide più direttamente con la popolazione, la quale organizza se stessa come potere armato. Questa forza pubblica particolare è necessaria perché un'organizzazione armata autonoma della popolazione è divenuta impossibile dopo la divisione in classi... Questa forza pubblica è presente in ogni Stato e non consta semplicemente di uomini armati, ma anche di appendici reali, prigioni e istituti di pena di ogni genere di cui niente sapeva la società gentiliana...".

Engels sviluppa la mozione di questa "forza" chiamata Stato, forza che è stata generata dalla società, ma che si pone al di sopra di essa e se ne estranea sempre più. In cosa consiste principalmente questa forza? Essa consiste anzitutto in distaccamenti speciali di uomini armati che dispongono di carceri ecc. Abbiamo il diritto di parlare di distaccamenti speciali di uomini armati perché la società è divisa in classi inconciliabilmente ostili, il cui armamento "autonomo" determinerebbe una lotta anche tra esse. Lo Stato si forma; si crea una forza distinta, distaccamenti speciali di uomini armati e ogni rivoluzione, annientando l'apparato statale, testimonia con estrema chiarezza come la classe dominante si sforzi di ricostruire distaccamenti speciali di uomini armati *che la servano* e come la classe oppressa si sforzi di generare una nuova organizzazione dello stesso genere, capace di servire non più gli sfruttatori, ma gli sfruttati. Nel passo riportato Engels sviluppa teoricamente la stessa questione che ogni grande rivoluzione pone praticamente innanzi a noi con estrema chiarezza nell'ampiezza di un'azione di massa, e precisamente il problema tra il rapporto dei distaccamenti "speciali" di uomini armati e "l'organizzazione armata autonoma della popolazione". Vedremo come questo problema è concretamente illustrato dalle esperienze delle rivoluzioni europee e russe. Ma torniamo a Engels. Egli mostra che talvolta, per esempio in talune regioni del Nord America, il potere pubblico è debole (si tratta di un'eccezione assai rara nella società capitalistica e in particolare nelle regioni del Nord America, in cui nel periodo preimperialistico dominava il colono libero) ma che in generale esso va rafforzandosi.

"La forza pubblica... si rafforza nella misura in cui gli antagonismi di classe all'interno dello Stato si acuiscono e gli Stati tra loro confinanti diventano più grandi e popolosi. Basta guardare la nostra Europa contemporanea, in cui la lotta di classe e la concorrenza nelle conquiste ha portato il potere pubblico a un'altezza da cui minaccia di inghiottire l'intera società e persino lo Stato".

Queste righe furono scritte poco prima del 1890, non dopo. L'ultima prefazione di Engels è datata 16 giugno 1891. L'evoluzione verso l'imperialismo – sia nel senso del dominio assoluto dei trust, sia in quello dell'onnipotenza dei grandi istituti bancari e della politica espansiva coloniale ecc. – era all'epoca ai primi albori in Francia e ancora più indietro in America e in Germania. Da allora "la concorrenza nelle conquiste" si è fatta molto più accesa, tanto che il pianeta all'inizio del decennio 1910-1920 era già stato definitivamente spartito tra questi "paesi desiderosi di conquiste", ovvero tra le grandi potenze predatrici. Da allora gli armamenti di terra e di mare sono accresciuti in maniera incredibile e la guerra di rapina del 1914-1917, per la supremazia sul mondo dell'Inghilterra e della Germania e per la spartizione del bottino, ha avvicinato alla catastrofe il processo grazie al quale un potere statale vorace "minaccia di inghiottire" tutte le forze della società. Sin dal 1891, Engels aveva enunciato la "concorrenza delle conquiste" come una delle più rilevanti impronte della politica estera delle grandi potenze, mentre i farabutti del social-sciovinismo, nel 1914-1917, quando appunto questa rivalità, divenuta ancora più marcata, ha generato la guerra imperialista, coprono la loro difesa degli interessi predatori e della "loro borghesia" con slogan che riportano "della difesa della patria, o della repubblica, della rivoluzione" e via dicendo!

Lo Stato, strumento di sfruttamento della classe oppressa

Per mantenere un potere pubblico speciale posto al di sopra della società, sono necessarie delle imposte e un debito pubblico.

"... In possesso della forza pubblica e del diritto a imporre una tassazione e riscuotere imposte – dice Engels – i funzionari appaiono ora come organi della società posti al di sopra della società stessa. La libera, volontaria stima che veniva tributata agli organi della costituzione gentilizia, anche se potessero riscuoterla, non è abbastanza per loro".

Si promulgano leggi speciali sulla sanità e sull'inviolabilità dei funzionari. L'ultimo dei poliziotti gode di maggiore autorità degli organi della società gentilizia e persino il capo dell'esercito di un paese civile potrebbe invidiare al capo gentilizio la stima spontanea e incontestata che gli viene tributata". Si pone qui la questione dei privilegi dei funzionari in quanto organi del potere statale. Il punto essenziale è questo: cosa li pone al di sopra della società? Vedremo come questa questione teorica sia stata risolta in pratica dalla Comune di Parigi nel 1871[9] e come sia stata messa in ombra in modo reazionario da Kautsky nel 1912.

"... Lo stato, poiché è nato dal bisogno di tenere a freno gli antagonismi di classe, ma è allo stesso tempo sorto nel bel mezzo del conflitto tra queste classi è, per regola, lo Stato della classe più potente, economicamente dominante che, per mezzo suo, diventa anche politicamente dominante, acquisendo così un nuovo strumento per tenere sottomessa e per sfruttare la classe oppressa... Non solo lo Stato antico e lo Stato feudale erano organi dello sfruttamento degli schiavi e dei servi, ma anche lo Stato rappresentativo moderno è lo strumento per lo sfruttamento del lavoro salariato da parte del capitale. Eccezionalmente, tuttavia, vi sono dei periodi in cui le classi in lotta dispongono di forze pressoché uguali, cosicché il potere statale, in qualità di apparente mediatore, acquista momentaneamente una certa autonomia di fronte a entrambe. Così, la monarchia assoluta dei secoli decimosettimo e decimottavo, il bonapartismo del primo e del secondo Impero in Francia, Bismarck in Germania".

Così, aggiungiamo noi, il governo di Kerenskij[10] nella Russia

<hr>

9 Nde. La Comune di Parigi è il governo rivoluzionario popolare e operaio istituito dal popolo parigino nella capitale francese a seguito della rivoluzione scoppiata il 18 marzo 1871 dopo la sconfitta francese a Sédan. La Comune riuscì però ad attuare solo in minima parte il suo programma socialista e, alla fine, l'esperimento proletario fu soffocato nel sangue.
10 Nde. A seguito dell'abdicazione dello zar Nicola II (rivoluzione di febbraio 1917), venne creato un Governo Provvisorio Russo, al cui comando fu posto Aleksandr Kerenskij, ministro della guerra e convinto antizarista. Il 25 ottobre 1917 i bolscevichi prendono il palazzo d'Inverno, facendo così cadere il Governo Provvisorio: è la Rivoluzione d'ottobre. Il lettore

repubblicana, dopo che esso è passato alle persecuzioni contro il proletariato rivoluzionario nel momento in cui i Soviet sono già impotenti per causa dei loro dirigenti piccolo-borghesi e la borghesia non è ancora sufficientemente forte per scioglierli con assoluta certezza.

"Nella repubblica democratica" – prosegue Engels – "la ricchezza esercita il suo potere indirettamente ma in maniera tanto più sicura innanzitutto con la 'corruzione diretta dei funzionari' (America), in secondo luogo con 'l'alleanza tra governo e Borsa' (Francia e America)".

Allo stato attuale, l'imperialismo e il dominio delle banche "hanno sviluppato" sino a farne un'arte raffinata in qualsiasi repubblica democratica, questi due metodi di difesa e realizzazione dell'onnipotenza della ricchezza. Se, per esempio, fin dai primi mesi della repubblica democratica in Russia, durante per così dire, la luna di miele del connubio dei "socialisti" – social-rivoluzionari e menscevichi – con la borghesia del governo di coalizione, il signor Palcinski[11] ha sabotato tutti i provvedimenti tendenti a frenare i capitalisti e la loro speculazione, con il saccheggio da parte loro dell'erario mediante le forniture militari; se in seguito il signor Palcinski, uscito dal ministero (e naturalmente sostituito da un altro uomo del suo stesso stampo) è stato "gratificato" dai capitalisti di una piccola sinecura con uno stipendio di centomila franchi annui – che cosa è questa? Corruzione diretta o indiretta? Alleanza del governo con le organizzazioni dei capitalisti o "semplicemente" relazione di buona amicizia? Quale funzione hanno i Cernov e i Tsereteli, gli Avxent'ev e gli Skobelev[12]?

---

che volesse approfondire l'argomento può leggere *I dieci giorni che sconvolsero il mondo*, di John Reed, Edizioni Clandestine, 2010.

11 Nde. P. I. Palcinski, uomo di fiducia di gruppi industriali e finanziari russi, fu vice-ministro all'industria e al commercio durante il governo provvisorio istituito dopo la rivoluzione del febbraio del 1917.

12 Nde. Nikolaj Dmitrievic Avksent'ev (1878 – 1943), membro del Partito Socialista rivoluzionario russo. Dopo la rivoluzione d'ottobre Avksent'ev raduna attorno a sé l'opposizione legalitaria ai bolscevichi nell'Unione di protezione della Costituente, divenuta successivamente Unione di rinascita della Russia. Si stabilì poi a Parigi e fu attivo nei cerchi emigrati e nella

Sono alleati "diretti" o soltanto indiretti, dei milionari concussionari?

L'onnipotenza della ricchezza è, in una repubblica democratica, tanto più sicura in quanto non dipende da un cattivo involucro del capitalismo. La repubblica democratica è l'involucro politico ottimale per lo sviluppo del capitalismo: per questo il capitale, dopo essersi impadronito (grazie ai Palcinski, ai Cernov, agli Tsereteli e consorti) di questo contenitore – che è il migliore possibile – fonda il suo potere in maniera talmente salda, sicura che nessun cambiamento, né di persone, né di istituzioni, né di partiti presi nell'ambito della repubblica democratica borghese, può scuoterlo. È doveroso anche rilevare che Engels definisce in modo categorico il suffragio universale come uno strumento di dominio della borghesia. Il suffragio universale, sostiene egli, tenendo evidentemente conto della lunga esperienza della social-democrazia tedesca, è:

"la misura della maturità della classe operaia. Più non può, né potrà mai, essere nello Stato odierno".

I democratici piccolo-borghesi, sul tipo dei nostri socialisti-rivoluzionari e dei nostri menscevichi, come i loro fratelli, tutti i social-sciovinisti e opportunisti dell'Europa occidentale, attendono dal suffragio universale proprio qualche cosa "di più". Essi condividono e inculcano nel popolo l'errata concezione che il suffragio universale possa "nello Stato odierno" esprimere realmente la volontà della maggioranza dei lavoratori e assicurarne la realizzazione. Noi possiamo qui soltanto rilevare che questa

Massoneria ebraica. Dopo l'invasione tedesca della Francia nel 1940, Avksent'ev e sua moglie Berthe fuggirono in America. Matvej Ivanovic Skobelev (1885 – 1938), rivoluzionario e politico russo, in seguito alla rivoluzione di febbraio del 1917, fu attivo nell'organizzazione del Soviet di Pietrogrado e diresse la rivolta dei marinai di Kronstadt. Quando il governo provvisorio entrò in crisi fu tra i delegati del Soviet a entrare a far parte del nuovo governo, assumendo la carica di ministro del Lavoro. Dopo aver trascorso due anni in Francia, nel 1922 tornò a Mosca dove si iscrisse al Partito Comunista dell'Unione Sovietica. Vittima, nel 1937, delle persecuzioni staliniane, fu accusato falsamente di appartenere a un'organizzazione terroristica e fucilato il 29 luglio 1938.

concezione è falsa e far notare che l'asserzione chiara, precisa e concreta di Engels è ad ogni passo travisata nella propaganda e nell'agitazione dei partiti socialisti "ufficiali" (vale a dire opportunisti). Dimostreremo in maniera dettagliata quanto sia erronea la concezione che Engels qui respinge, esponendo più avanti le teorie di Marx e di Engels sullo stato odierno.

Sempre nella sua opera più popolare Engels fornisce un riassunto conclusivo delle sue idee nel modo che segue:

"Lo Stato non esiste da sempre. Si contano società che ne hanno fatto a meno, che non avevano alcuna idea di Stato e di potere statale. In un determinato grado dello sviluppo economico, necessariamente legato alla divisione della società in classi: lo Stato è divenuto una necessità. Ci avviciniamo ora, a rapidi passi, a uno stadio di sviluppo della produzione nel quale l'esistenza di queste classi non solo ha cessato di essere una necessità ma è divenuta un ostacolo alla produzione. Ragione per cui esse cadranno allo stesso modo in cui sono sorte. E, con esse, verrà meno lo Stato. La società, che riorganizza la produzione in base a una libera ed eguale associazione di produttori, relega l'intera macchina statale al posto che da quel momento le spetta, vale a dire in un museo archeologico, ponendolo a fianco dell'ascia di bronzo".

Questa citazione non accade di incontrarla spesso nella letteratura di propaganda e di agitazione della social-democrazia contemporanea. E, quando la si ricorda, lo si fa per lo più come se ci si volesse inginocchiare davanti a un'icona per rendere così ufficialmente omaggio a Engels, senza il minimo tentativo di riflettere sull'ampiezza e la profondità della rivoluzione che è presupposta in questo "relegare la macchina statale nel museo delle antichità". Il più delle volte neppure si arriva a comprendere ciò che Engels intende per macchina dello Stato.

L'ELIMINAZIONE DELLO STATO E LA RIVOLUZIONE VIOLENTA

Le parole di Engels sull'estinzione dello Stato godono di una così ampia notorietà, vengono tanto spesso menzionate, pongono così bene in evidenza l'essenza stessa della falsificazione abituale del marxismo acconciato alla maniera opportunista, che occorre necessariamente soffermarsi su di esse. Di seguito, riportiamo l'intero passo da cui sono tratte:

"Il proletariato si impadronisce del potere dello Stato e come prima cosa cede allo Stato la proprietà dei mezzi di produzione. Così agendo sopprime se stesso come proletariato, elimina ogni differenza di classe e ogni antagonismo di classe, e sopprime pure lo Stato in quanto tale. La società esistita sino a quel momento, reggendosi sul piano degli antagonismi di classe, aveva bisogno dello Stato, vale a dire di un'organizzazione della classe sfruttatrice, presente in ogni momento, per preservare le condizioni esterne: la sua produzione e specialmente per tenere con la forza la classe vessata nelle condizioni di oppressione richieste dal vigente modo di produzione (schiavitù, servitù della gleba, semi-servitù feudale, lavoro salariato). Lo Stato era il rappresentante ufficiale dell'intera società, la sua sintesi in un corpo visibile, ma lo era perché era lo Stato di quella classe che per il suo tempo rappresentava, essa stessa, tutta quanta la società: nell'antichità era lo Stato dei cittadini padroni di schiavi, nel medioevo lo Stato della nobiltà feudale, nella nostra epoca lo Stato della borghesia. Tuttavia, divenendo alla fine l'effettivo rappresentante di tutta la società, si rende, esso stesso, superfluo. Quando non ci sono più classi sociali da tenere sottomesse, quando, con l'eliminazione del dominio di classe e della lotta per l'assistenza individuale fondata sull'anarchia della produzione sinora esistente, saranno eliminate anche le collisioni e gli eccessi che sorgono da tutto ciò, non ci sarà più da reprimere niente di quanto rendeva necessaria una forza repressiva particolare, ovvero uno Stato. Il primo atto con cui lo Stato si presenta concretamente come rappresentante dell'intera società, vale a dire, la presa di possesso di tutti i mezzi di produzione in nome della società, è ad un tempo l'ultimo atto indipendente in quanto Stato. L'intervento di una forza statale nei rapporti sociali diventa successivamente superfluo in ogni campo e viene, da se stesso, meno. Al posto di un governo sulle persone, compare l'amministrazione delle cose e la direzione dei processi produttivi. Lo Stato non viene 'abolito': esso si estingue. Questo è il significato corretto da dare alla frase 'Stato popolare libero', tanto quindi per la sua giustificazione temporanea in sede di agitazione, quanto per la sua definitiva insufficienza in sede scientifica; e questo, allo stesso modo, è l'apprezzamento che deve farsi dell'esigenza dei cosiddetti anarchici secondo cui lo Stato deve essere abolito dall'oggi al domani"[13].

Si può dire, senza timore di cadere in errore, che di tutta questa riflessione di Engels, straordinariamente gravida di idee, i partiti socialisti di oggi hanno veramente acquisito la sola formula secondo cui, per Marx, lo Stato si "estingue", in contraddizione alla dottrina dell'"abolizione" dello Stato voluta dagli anarchici. Amputare in questo modo il marxismo significa ridurlo all'opportunismo poiché, dopo una tale "interpretazione", non sopravvive che il concetto vago di un mutamento lento, graduale, privo di sussulti, senza rivoluzione. "L'estinzione dello Stato nel concetto corrente, generalmente diffuso, prevede senza dubbio la scomparsa, se non la negazione, della rivoluzione". Infatti, questa interpretazione è la più grossolana deformazione del marxismo, utile alla sola borghesia, ed è teoricamente possibile solo se si trascurano i principali elementi e, per esempio, gli argomenti indicati nello stesso ragionamento conclusivo di Engels che abbiamo spesso citato.

Primo. Proprio all'inizio della sua riflessione, Engels dice che il proletariato, impossessandosi del potere, sopprime in questo modo "lo stato in quanto Stato". Riflettere sul senso di questa affermazione è una faccenda che "non rientra nelle abitudini". Generalmente si tende a trascurare questo pensiero oppure a trovarvi una sorta di "debolezza hegeliana" di Engels. In realtà,

---

13 Nda. Citazione tratta da F. Engels, Antidühring, opera pubblicata nel 1878 con il titolo iniziale di La scienza sovvertita dal signor Dühring. Essa rappresenta un momento essenziale della battaglia ideologica e politica che si svolse negli anni settanta in seno al partito socialdemocratico e al movimento operaio tedesco.

in queste parole è espressa in forma incisiva l'esperienza di una delle più grandi rivoluzioni proletarie: quella della Comune di Parigi del 1871, di cui parleremo a lungo più avanti. Engels, infatti, parla qui di "soppressione" dello *Stato della borghesia* ad opera di una rivoluzione del proletariato, mentre ciò che egli dice sull'estinzione dello Stato riguarda i resti dello *Stato proletario* che sussisteranno a seguito della rivoluzione socialista. Lo Stato borghese, secondo Engels, non "si estingue", ma viene "soppresso" dal proletariato nel corso della rivoluzione. Ciò che si estingue, dopo questa rivoluzione, è lo Stato proletario o semi-Stato.

Secondo. Lo Stato "è una forza repressiva particolare". Questa meravigliosa e profonda definizione di Engels è qui enunciata con perfetta chiarezza. E ne deriva che "questa forza repressiva particolare" riversata dalla borghesia sul proletariato, su milioni di lavoratori da parte di un pugno di ricchi, deve essere sostituita da "una particolare forza del proletariato che abbatte e sostituisce la borghesia" (dittatura del proletariato). Giustappunto in questo consiste "la soppressione dello Stato in quanto Stato". In questo consiste la presa di possesso dei mezzi di produzione in nome della società. È naturale che questa sostituzione di una particolare forza (quella della borghesia) con un'altra (quella del proletariato) non possa verificarsi nella forma di "estinzione".

Terzo. Questa "estinzione" o, per dirlo diversamente, questo "assopimento", Engels lo riferisce in modo palese al periodo che segue "la rivoluzione socialista". È risaputo da tutti che la forma politica dello "Stato" in quel momento specifico è la democrazia più completa. Ma a nessuno degli opportunisti che snaturano sfacciatamente il marxismo viene in mente che qui Engels si riferisce all'assopimento e all'estinzione della democrazia. A prima vista questo pare molto strano, ma è "incomprensibile" solo per chi è dimentico che anche la democrazia è uno Stato e che anch'essa, quindi, viene meno, quando lo Stato scompare. Solo la rivoluzione può "sopprimere" lo Stato borghese. Lo Stato in generale, vale a dire la democrazia più completa, altro non può che "estinguersi".

Quattro. Enunciando la sua celebre tesi: "Lo Stato si estingue" Engels precisa che essa è rivolta contro gli opportunisti e gli anarchici. Ponendo soprattutto in primo piano quella tesi sull'"estinzione dello Stato" che è particolarmente avversa ai primi. Si può essere certi che su diecimila persone che hanno letto o sentito parlare di "estinzione dello Stato", il novantanove per cento di quelle ignorano o hanno dimenticato che Engels dirigeva la conclusione di questa tesi non soltanto contro gli anarchici. E nel restante uno per cento se ne trova nove su dieci che non sanno cosa sia "lo Stato popolare libero" né perché in questa definizione è contenuto un deciso attacco contro gli opportunisti. In questo modo si scrive la storia! Così altera in sordina la grande dottrina rivoluzionaria accomodandola alla maniera del filisteismo dominante. La conclusione contro gli anarchici è stata più e più volte ripetuta, banalizzata, infusa nel modo più dozzinale nei cervelli fino a quando è divenuta pregiudizio. E la riflessione contro gli opportunisti è in questo modo stata oscurata e alla fine dimenticata! Lo "Stato popolare libero" era una rivendicazione programmatica, la parola d'ordine corrente dei socialdemocratici tedeschi negli anni 1870-1880. In questa parola d'ordine non c'è alcun contenuto politico se si esclude una pomposa enunciazione piccolo-borghese del concetto di democrazia. In quanto essa faceva legittimamente allusione alla repubblica democratica. Engels era disposto a "giustificarla temporaneamente" dal punto di vista rivoluzionario. Tuttavia, questa parola d'ordine era opportunista non soltanto perché finiva per favorire e rendere appetitosa la democrazia borghese, ma pure perché esprimeva l'incomprensione della critica socialista di ogni Stato in genere. Noi siamo per la repubblica democratica in quanto essa è, in un regime capitalista, per il proletariato la forma migliore di Stato, ma non abbiamo il diritto di dimenticare che la sorte riservata al popolo, anche nella più democratica delle repubbliche borghesi è la servitù salariale. Andiamo avanti. Ogni Stato è una "forma repressiva particolare" della classe oppressa. Ragione per cui uno Stato, *qualunque* esso sia, *non* è libero e *non* è popolare. Marx ed Engels l'hanno spiegato innumerevoli volte ai loro compagni di partito nel decennio 1870-1880.

Quinto. La medesima opera di Engels, in cui si trova la riflessione sull'estinzione dello Stato cui tutti si rifanno, contiene pure una considerazione sul significato di rivoluzione violenta. La valutazione storica della sua funzione viene presentata in Engels come in un vero e proprio panegirico della rivoluzione violenta. Nessuno ne ha memoria; nei partiti socialisti contemporanei non si è avvezzi a parlare dell'importanza di questa idea e nemmeno a pensarla; nella propaganda e nell'immaginazione quotidiana tra le masse, queste idee non trovavano posto. Eppure, esse sono indissolubilmente legate all'idea dell'"estinzione" dello Stato, con la quale andavano formando un tutto. Di seguito ecco questa considerazione di Engels, tratta dall'*Antidühring*:

"... che la violenza ricopra nella società un'ulteriore funzione – oltre al male che essa produce – una funzione rivoluzionaria, che essa, secondo le parole di Marx, sia la balia di ogni vecchia società gravida di una nuova, che essa sia lo strumento con cui, compiendosi un cambiamento della società, si va a infrangere forme politiche vetuste e defunte, di tutto questo nel sig. Dühring[14] non si trova parola. Solo sospirando e gemendo egli ammette che, per abbattere l'economia dello sfruttamento, si possa rendere necessario, purtroppo, ricorrere alla violenza. Infatti, secondo Dühring il ricorso all'azione violenta demoralizza colui che se ne avvale. E questo di fronte al sublime slancio morale e intellettuale che è stato il risultato di ogni vittoriosa rivoluzione! Questo in un paese come la Germania dove una brutale collisione, che potrebbe pure anche essere imposta al popolo, avrebbe quantomeno il vantaggio di sradicare lo spirito servile che, a causa dell'avvilimento conseguente alla guerra dei trent'anni, ha permeato la coscienza nazionale. E questa mentalità di predicatore, fiacca, insipida e impotente, ha la pretesa di imporsi al partito più rivoluzionario che la storia conosca?".

Come unire nella stessa dottrina questo panegirico della ri-

---

14 Nde. Karl Eugen Dühring (1833 – 1921), economista e filosofo, fu un esponente del positivismo tedesco. Tra le sue opere, si ricorda il trattato La questione ebraica in quanto problema razziale, morale e culturale, 1881.

voluzione violenta, tenacemente presentato da Engels ai social-democratici tedeschi dal 1878 al 1894, fino al giorno della sua morte, e la teoria dell'"estinzione" dello Stato? Generalmente, li si unisce facendo ricorso, senza criterio e in modo sofistico, arbitrariamente (o per fare cosa gradita a coloro che detengono il potere) ora all'uno, ora all'altro di questi ragionamenti e quasi nella totalità dei casi è l'"estinzione" che viene posta in primo piano. L'eclettismo prende il posto della dialettica; cosa questa abbastanza comune nei confronti del marxismo e abbastanza frequente nella letteratura socialista democratica dei nostri giorni. Questa sostituzione non è certo una novità; fu possibile osservarla persino nella storia della filosofia greca classica. Nella mistificazione opportunistica del marxismo, la falsificazione eclettica serve a ingannare con maggiore facilità le masse, a concedere loro una soddisfazione apparente, fingendo di tenere conto di tutti gli agenti del processo, tutte le tendenze dello sviluppo, tutte le influenze contraddittorie e via dicendo, quando in verità non si ha alcuna informativa completa e rivoluzionaria del processo di sviluppo della società. Abbiamo già asserito in precedenza – e lo dimostreremo in maniera più dettagliata in seguito – che la dottrina di Marx e di Engels sulla necessità di una rivoluzione violenta è riferita a uno Stato borghese il quale non può essere sostituito dallo Stato proletario (dittatura del proletariato) per "estinzione", ma solo per mezzo di una rivoluzione violenta. Il panegirico con cui Engels esalta la rivoluzione violenta si accorda pienamente con le dichiarazioni di Marx (tra le tante, rammentiamo la conclusione di Miseria della filosofia e di Manifesto del partito comunista, in cui viene ammessa con fierezza l'ineluttabilità della rivoluzione violenta; rammentiamo la critica del programma di Gotha nel 1875[15], circa trent'anni più tardi, dove

---

15 Nde. Il Programma di Gotha è un documento redatto nel 1875 al termine del congresso svoltosi in quella città dal 22 al 27 maggio, nel corso del quale l'Associazione Generale degli Operai Tedeschi (ADAV) e il Partito Socialdemocratico dei Lavoratori (SAD), si unirono e fondarono il Partito Socialista dei Lavoratori (SAP), primo nucleo del Partito Socialdemocratico di Germania (SPD). Il programma chiedeva il suffragio universale, la libertà di associazione, limiti alla giornata lavorativa, ed altre leggi a tutela dei diritti e della salute dei lavoratori. In seguito, Karl Marx contestò il programma, riunendo le sue argomentazioni in un libello dal titolo Critica del Programma di Gotha.

Marx condanna aspramente e con fermezza l'opportunismo che quel programma racchiudeva in sé). Questo panegirico non è certo conseguenza di una "infatuazione", né è un proclama o una trovata provocatoria. La necessità di istruire sistematicamente le masse in questa idea della rivoluzione violenta sta a fondamento di tutta la dottrina di Marx e di Engels. Il tradimento dei loro precetti operato dalle tendenze social-scioviniste e kautskiana oggi prevalenti, si esprime con particolare rilevo nella dimenticanza di questa propaganda, di questa agitazione, da parte dell'una e dell'altra. Il passaggio dallo Stato borghese alla dittatura del proletariato non è possibile senza una rivoluzione violenta, come altrettanto la soppressione di uno Stato proletario, vale a dire di ogni forma di Stato, è impossibile che avvenga per consunzione. Marx ed Engels maturarono queste idee in modo dettagliato e concreto, analizzando ogni situazione rivoluzionaria particolare, valutando gli insegnamenti che si potevano trarre da ogni processo rivoluzionario. Passiamo adesso a questa parte – indubbiamente la più rilevante – della loro dottrina.

II
Lo Stato e la rivoluzione. L'esperienza del 1848-1851

LA VIGILIA DELLA RIVOLUZIONE

Le prime opere del marxismo giunto a maturità, *Miseria della filosofia* e *Manifesto del Partito comunista*, appartengono appunto al periodo immediatamente antecedente la rivoluzione del 1848[16]. Grazie a questa circostanza, noi troviamo in esse, accanto all'esposizione dei principi generali del marxismo, anche un riflesso concreto della situazione rivoluzionaria in essere di quel periodo; è opportuno quindi, studiare ciò che gli autori di queste opere dicono dello Stato, prima di esporre le loro conclusioni sull'esperienza del 1848-1851.

"... la classe lavoratrice", scrive Marx in *Miseria della filosofia*, "sostituirà nel corso del suo sviluppo, all'antica società civile, un associazionismo che rigetterà le classi e i loro antagonismi, per cui non vi sarà più potere politico come fino ad oggi è stato inteso, poiché, nella società civile, proprio il potere politico riassume in sé ogni antagonismo tra classi".

È istruttivo porre a confronto questa esposizione dell'idea ge-

---

16 Nde. La Rivoluzione francese del 1848 fa parte di un'ondata di moti rivoluzionari borghesi che sconvolsero l'Europa nel 1848 e nel 1849, con l'obiettivo di abbattere i governi della restaurazione e sostituirli con altri liberali. In Francia, la rivoluzione comportò la nascita della Seconda Repubblica Francese, un regime repubblicano che rimase in vigore dal 25 febbraio 1848 al 2 dicembre 1852.

nerale della scomparsa dello Stato, dopo il venir meno delle classi, con quella che emerge nel *Manifesto del Partito comunista*, scritto da Marx e da Engels alcuni mesi a seguire, vale a dire nel novembre del 1847.

"... Riportando le fasi più generali dello sviluppo del proletariato, abbiamo seguito la guerra più o meno occulta che si combatte nella società civile odierna fino al momento in cui essa sfocia in conclamata insurrezione, che porta all'abbattimento violento della borghesia, dando modo così al proletariato di stabilire il suo dominio... Abbiamo già visto in precedenza come il primo passo della rivoluzione operaia sia l'elevarsi del proletariato a classe dominante, la conquista della democrazia. Il proletariato si avvarrà della sua predominanza politica per strappare alla borghesia, poco a poco, il capitale al fine di porre tutti gli strumenti di produzione nelle mani dello Stato, cioè del proletariato stesso strutturato come classe dominante per sviluppare, con la massima rapidità possibile la massa delle forze produttive".

Vediamo qui espressa una delle più importanti idee del marxismo in merito allo Stato, vale dire l'idea della "dittatura del proletariato" – definizione questa che Marx ed Engels iniziarono a utilizzare dopo la Comune di Parigi –. Vi troviamo in seguito una definizione dello Stato del massimo interesse la quale fa anch'essa parte delle "parole colpevolmente dimenticate" del marxismo: "Lo Stato, ossia il proletariato organizzato come classe dominante". Questa definizione dello Stato non solo nella letteratura di propaganda non è mai stata commentata; peggio, essa è stata confinata nell'oblio perché ritenuta totalmente inconciliabile con il riformismo, in palese contrasto con i pregiudizi opportunistici abituali e con le illusioni piccolo-borghesi sullo "sviluppo pacifico della democrazia". Il proletariato necessita di uno Stato, asseriscono gli opportunisti, i social-sciovinisti e i kautskiani, assicurando che questa è la dottrina di Marx, ma "dimenticando" di aggiungere che, secondo Marx, il proletariato in primo luogo abbisogna di uno Stato sulla strada del declino, vale a dire organizzato in modo tale che inizi da subito a estinguersi e quello sia il suo inesorabile destino. E secondariamente, che i lavoratori non possono fare a meno dello Stato, vale a dire "del proletariato strutturato come classe dominante". Lo Stato è un'organizzazione particolare della forza, è il compattarsi della violenza destinata a sopprimere una data classe. E quale sarà, dunque, la classe che i proletari sono tenuti a reprimere? Una sola, quella degli sfruttatori, ovvero la borghesia. I lavoratori hanno bisogno dello Stato solo per fiaccare la resistenza degli sfruttatori; solo il proletariato è in grado di guidare e di mettere in atto questa repressione, perché il proletariato è la sola classe che è rivoluzionaria fino al midollo, la sola capace di unire tutti i lavoratori, tutti gli sfruttati nella lotta conto la borghesia per soppiantarla radicalmente. Le classi sfruttatrici necessitano del dominio politico per mantenere una posizione che gli permetta di procedere allo sfruttamento operato da un'esigua minoranza sulla stragrande maggioranza della popolazione. Per cui le classi sfruttate hanno bisogno di procurarsi il dominio politico per cancellare completamente ogni forma di sfruttamento e agire nell'interesse della maggioranza della popolazione contro l'infima minoranza dei moderni schiavisti: i proprietari terrieri e i capitalisti. I democratici piccolo-borghesi, questi sedicenti socialisti che hanno sostituito alla lotta di classe le loro chimere di una possibile intesa tra le stesse, si sono rappresentati anche la mutazione in Stato socialista come una fantasticheria; non come l'abbattimento del dominio della classe sfruttatrice, ma come la sottomissione pacifica della minoranza alla maggioranza. Questa utopia piccolo-borghese, indissolubilmente legata al riconoscimento di uno Stato al di sopra delle classi, in pratica non ha portato ad altro che al tradimento degli interessi delle classi lavoratrici, come è stato provato dalle rivoluzioni francesi del 1848 e del 1871, dall'esperienza della partecipazione "socialista" ai governi borghesi in Inghilterra, in Francia, in Italia e altrove sul finire del secolo decimonono e all'inizio del ventesimo. Marx contrastò tutta la vita un socialismo piccolo-borghese di questo genere, risuscitato oggi in Russia dai partiti socialista-rivoluzionario e menscevico. Marx sviluppò la dottrina della lotta di classe in modo coerente, traendo da essa la dottrina del potere politico, dello Stato. Il superamento del predominio della borghesia è possibile unicamente per azione del proletariato, in quanto classe particolare, indotta a questo ribaltamento dalle proprie condizioni economiche di esistenza che gli danno la necessità, il coraggio e la forza di compierlo. Mentre la borghesia divide, fraziona e disperde la classe contadina e tutti gli strati piccolo-borghesi, essa concentra, unisce e organizza tutto il proletariato. Grazie alla sua funzione economica nella grande produzione, solo il proletariato è destinato ad essere la guida di tutti i *lavoratori* e di tutte le *masse* che sono vessate, schiacciate, oppresse anche più del proletariato dalla borghesia e che sono incapaci di battersi da sole per la loro emancipazione. La dottrina della lotta di classe, applicata da Marx allo Stato e alla rivoluzione socialista, porta necessariamente a riconoscere il *dominio politico* del proletariato, la dittatura da lui esercitata, vale a dire il potere che egli non divide con alcuno ed è forte del sostegno armato delle masse. L'abbattimento della borghesia è possibile solo attraverso la trasformazione del proletariato in *classe dominante* capace di reprimere la resistenza disperata e inevitabile della borghesia e di riorganizzare un nuovo regime economico che verta a favore delle masse lavoratrici sfruttate. Il potere statale, l'organizzazione centralizzata della forza, della violenza sono indispensabili al proletariato tanto per troncare ogni resistenza degli sfruttatori quanto per guidare l'ingente massa della popolazione – contadini, piccola borghesia, sopra e sottoproletariato – nell'opera di "avviamento" e instaurazione dell'economia socialista. Educando il partito operaio, il marxismo istruisce una avanguardia del proletariato, capace di assumere su di sé l'onere del potere e di *condurre tutto il popolo al socialismo*, capace di dirigere e di strutturare il nuovo regime, di essere il maestro, il capo di tutti i lavoratori, di tutti gli sfruttati, nell'organizzazione della loro vita sociale in assenza e contro la borghesia. Invece, oggi, l'opportunismo dominante educa il partito operaio in modo tale da farne il rappresentante dei lavoratori meglio retribuiti, i quali si distinguono dalle masse, "si pongono in una posizione privilegiata" nel regime capitalistico e vendono per un piatto di lenticchie il loro diritto di primogenitura, rinunciando così alla loro funzione di guida rivoluzionaria del popolo nella lotta contro la classe borghese.

"Lo Stato, cioè il proletariato assurto a classe dominante"; questa teoria di Marx è inevitabilmente legata a tutta la sua dottrina sulla funzione rivoluzionaria del proletariato nella storia. Questa funzione culmina nella dittatura del proletariato, nel dominio del proletariato politico nella società. Se il proletariato abbisogna dello Stato, in quanto organizzazione particolare della violenza contro la borghesia, ne consegue che la creazione di una tale organizzazione è concepibile prima che sia annientata, distrutta, la macchina dello Stato che la classe borghese ha forgiato per sé. Il *Manifesto del partito comunista* conduce direttamente a questa conclusione ed è a essa che Marx fa riferimento quando stila il bilancio dell'esperienza rivoluzionaria del 1848-1851.

IL BILANCIO DI UNA RIVOLUZIONE

Sul problema dello Stato che è di nostro interesse, Marx nel suo scritto Il 18 brumaio di Luigi Bonaparte, fa con questo ragionamento il bilancio dei risultati ottenuti nel 1848-1851.

"... Partendo dal presupposto che la rivoluzione si spinga fino al fondo delle cose, si può dire che essa stia ancora attraversando il purgatorio. Lavora con metodo. Fino al 2 dicembre 1851 – data del colpo di Stato di Luigi Bonaparte – essa ha portato a termine la prima metà della sua preparazione e adesso sta portando a compimento la seconda e conclusiva fase. Inizialmente ha educato alla perfezione il potere parlamentare, al fine di poterlo detronizzare. Ora che ha conseguito questo risultato, essa si concentra sul potere esecutivo, lo riduce alla sua espressione più pura, lo isola, si pone di fronte ad esso riconoscendolo come ultimo ostacolo per concentrare contro di lui tutte le sue energie distruttive. E quando la rivoluzione avrà portato a compimento questa seconda parte del suo lavoro preparatorio, l'Europa balzerà dal suo seggio e griderà: hai scavato un'eccellente galleria vecchia talpa! Questo potere esecutivo con la sua imponente organizzazione burocratica e militare, con il suo meccanismo statale complicato e artificioso, con un esercito di mezzo milione di impiegati posto a fianco di mezzo milione di militari, questo spaventoso corpo parassitario, che avvolge come in un bozzolo la società francese ostruendone tutti i pori, si costituì durante il periodo della monarchia assoluta, dopo il superamento del sistema feudale, il cui declino valse a rendere più rapido. La prima rivoluzione francese sviluppò la centralizzazione e, allo stesso tempo, dovette ampliare, sviluppare il potere governativo. Napoleone perfezionò questo meccanismo dello Stato, a cui la monarchia legittima e quella di luglio aggiunsero solamente una maggiore divisione del lavoro... la repubblica parlamentare, infine, si trovò costretta a rafforzare, nella sua lotta contro la rivoluzione, oltre alle misure repressive, gli strumenti che rendevano possibile la centralizzazione dello Stato. Tutti i rivolgimenti politici valsero poi a perfezionare e oliare questa macchina, non a pregiudicarne l'operato. I partiti che successivamente lottarono per il potere considerarono il possesso di questo ingente edificio dello Stato, come il tesoro riservato in premio al vincitore".

In questa ammirevole riflessione, il marxismo fece un passo avanti in confronto a quanto riportato sul *Manifesto del Partito comunista*. In questo, il problema dello Stato era trattato in maniera ancora troppo astratta, generica. Qui, invece, è posto concretamente e la risposta è decisa, definitiva, ben marcata, concreta, tangibile: tutte le rivoluzioni precedenti valsero a perfezionare il meccanismo statale, un meccanismo che è assolutamente necessario rendere inefficiente, demolire. Questa conclusione è materia essenziale nella dottrina marxista dello Stato. E proprio questa cosa determinante non solo dai partiti socialdemocratici ufficiali dominanti è stata completamente dimenticata, ma – come vedremo – dal più eminente teorico della Seconda Internazionale, K. Kautsky, è stata persino snaturata. Nel *Manifesto del*

Partito comunista si ricavano a grandi linee gli insegnamenti della storia; insegnamenti che ci presentano lo Stato come organo del dominio di una classe, portandoci a questa conclusione: il proletariato non può rovesciare la borghesia se prima non prende possesso del potere politico, se prima non ha provveduto a trasformare lo Stato "in proletariato organizzato come classe dominante"; e questo Stato proletario, dovrà necessariamente estinguersi immediatamente dopo aver ottenuto la vittoria, perché in una società senza antagonismi e lotte di classe lo Stato è un organismo inutile. Il problema di determinare in cosa consista, dal punto di vista dello sviluppo storico, questa sostituzione dello Stato borghese con quello proletario, qui non è posto. Giustappunto questo è il problema che Marx solleva e risolve nel 1852. Fedele alla sua filosofia, il materialismo dialettico, egli prende come base l'esperienza storica degli anni rivoluzionari che vanno dal 1848 al 1851. Qui, come sempre, la dottrina di Marx diviene il bilancio di un'esperienza, bilancio illuminato da una profonda concezione filosofica del mondo e da una vasta conoscenza della storia. Il problema dello Stato si pone in modo concreto: come è storicamente sorto lo Stato borghese, la macchina necessaria all'imperio della borghesia? Quali trasformazioni, quali evoluzioni ha subito nel corso delle rivoluzioni borghesi e di fronte ai movimenti autonomi delle classi oppresse? Quali sono i compiti del proletariato rispetto a questo congegno statale? Il potere statale centralizzato, proprio della società borghese, apparve nel periodo della caduta dell'assolutismo. Le due istituzioni più caratteristiche di questa macchina statale sono: la burocrazia e l'esercito permanente. Marx ed Engels, nelle loro opere parlano più volte dei molteplici legami che collegano queste istituzioni con la borghesia. L'esperienza acquisita da ogni lavoratore gli chiarisce in modo evidente questi vincoli. La classe operaia ha imparato a conoscerli a proprie spese. Per questo essa afferra con tanta facilità ed assimila così bene la scienza che afferma l'ineluttabilità di questi legami, scienza che i democratici piccoloborghesi negano per ignoranza o per leggerezza, quando non abbiano la leggerezza ancora maggiore di ammetterla in "generale", trascurando però di trarne le logiche e conseguenti conclusioni pratiche. La burocrazia e l'esercito permanenti sono dei "parassiti" di cui la società borghese è impregnata, parassiti generati dalle contraddizioni interne che dilaniano questa società, che ne occludono i pori vitali. L'opportunismo kautskiano, oggi prevalente nella socialdemocrazia ufficiale, ritiene che questa idea dello Stato, considerato come *organismo parassitario*, sia propria degli anarchici e solamente di loro. Questa deformazione del marxismo è sicuramente vantaggiosa per i piccolo-borghesi, che hanno condotto il socialismo all'inaudita vergogna di giustificare e di imbellire la guerra imperialistica applicandole il concetto di "difesa della patria": non è servito, ciononostante questa rimane una deformazione inconfutabile. Tale apparato burocratico e militare si sviluppa, si perfeziona, rafforza e accresce, attraverso le numerose insurrezioni borghesi di cui tutta Europa è stata teatro dalla caduta del feudalesimo in avanti. Tra l'altro, la piccola borghesia si lascia attrarre dalla parte della grande borghesia ed è asservita ad essa totalmente, grazie alle concessioni fatte agli strati superiori del contado, composte da piccoli artigiani, commercianti etc., impieghi relativamente comodi, sereni e onorifici che li pongono al di sopra del popolo. Si pensi a quello che è accaduto in sei mesi, in Russia, dopo il 27 febbraio 1917: i posti di funzionari, riservati a soggetti prevalentemente ultra reazionari, sono divenuti il bottino dei cadetti, dei menscevichi e dei socialisti rivoluzionari. Non si è pensato ad alcuna riforma seria; si è tentato di rinviare le riforme "fino all'Assemblea costituente" e di rimandare di volta in volta la Costituente fino alla conclusione della guerra! Tuttavia, per la spartizione dei privilegi, per l'attribuzione di impieghi statali, per l'assegnazione di cariche ministeriali, di posizioni di rilievo e così via, senza perdere tempo neppure ci si è posti il problema di attendere l'Assemblea costituente! Il gioco delle combinazioni ministeriali altro non è stato che l'espressione di questa divisione e nuova spartizione dei privilegi alla quale si procede dall'alto in basso in tutto il paese, in tutte le amministrazioni centrali e locali. Dopo sei mesi, dal 27 febbraio al 27 agosto del 1917 è evidente il risultato di tanto agire: le riforme sono posticipate, la spartizione delle cariche è compiuta e gli "errori" commessi in questa spartizione sono stati corretti, procedendo a ulteriori attribuzioni di incarichi. E tuttavia, tanto più si procede a "nuove spartizioni" dell'apparato amministrativo tra i diversi partiti rappresentativi della borghesia e della borghesia media e piccola (cadetti, menscevichi e socialisti rivoluzionari, prendendo a esempio la Russia) tanto più appare con maggiore chiarezza alle classi oppresse e al proletariato che le capeggia, la loro irriducibile ostilità alla società borghese nel suo insieme. Di qui la necessità per tutti i partiti borghesi, anche i più democratici e "democratici rivoluzionari", di moltiplicare le misure ritorsive contro il proletariato insurrezionalista, di rafforzare l'apparato di coercizione, vale a dire la macchina statale stessa. Questo corso degli avvenimenti costringe la rivoluzione a concentrare *tutte le sue energie distruttive* contro il potere dello Stato; lo impone il fine non di migliorare l'apparato statale, ma di *demolirlo, distruggerlo.* Non le deduzioni logiche ma il susseguirsi degli accadimenti, l'esperienza vissuta del 1841-1851, hanno portato ad analizzare il problema in questi termini. Quanto Marx si attenga strettamente alla reale esperienza storica è testimoniato dal fatto che, nel 1852, egli non si chiede ancora in concreto cosa debba sostituire un certo apparato statale che deve andare distrutto. L'esperienza all'epoca, non aveva fornito degli esempi che potessero essere esplicativi in merito: solo più avanti nel 1871, la storia fece divenire la questione di attualità. Nel 1852 l'unica cosa che si poteva scientificamente constare era che la rivoluzione proletaria *affrontava* il compito di "concentrare tutte le sue forze di distruzione" contro il potere statale, allo scopo di sgretolarlo. Arrivati a questo punto si potrebbe porre la domanda se sia giusto centralizzare l'esperienza, le osservazioni e le conclusioni tratte da Marx e applicarle a un campo più vasto della storia di tre anni della Francia: dal 1841 al 1851. Prima di affrontare la questione riportiamo, innanzitutto, un'osservazione di Engels. Quindi, successivamente passeremo all'analisi dei fatti.

"... la Francia – scriveva Engels, nella prefazione alla terza edizione di

18 Brumaio[17] – se si considera la storia nel suo insieme è la nazione in cui le lotte di classe sono state condotte fino in fondo più che in qualsiasi altro luogo; nel quale, quindi, anche le mutevoli forme politiche, dentro alle quali queste lotte si sono svolte e in cui hanno compendiato i loro risultati, assumono i contorni più marcati. Centro del feudalesimo nel medioevo, paese classico a partire dal Rinascimento, della monarchia unitaria a poteri limitati, la Francia ha, con la grande Rivoluzione, annientato il feudalesimo, gettando le basi per il dominio della borghesia, come nessun altro paese europeo ha mai saputo fare. Così, anche la lotta del proletariato in ascesa contro la classe borghese dominante, assume qui una forma più acuta che altrove".

Quest'ultima osservazione oggi non ha più valore perché, dopo il 1871, la lotta rivoluzionaria condotta dal proletariato francese ha subito una battuta d'arresto che, per quanto lunga, non esclude affatto che la Francia possa, nel corso della futura rivoluzione proletaria, rivelarsi ancora come il paese principe della lotta tra classi, condotta fino in fondo. Gettiamo uno sguardo d'insieme sulla storia dei paesi avanzati nel periodo che va dalla fine del secolo decimonono all'inizio del ventesimo. Vedremo come, più lentamente, in forme più varie, su una superficie molto più ampia, si sia svolto lo stesso processo: da un lato, l'elaborazione di un "potere parlamentare" tanto nei paesi repubblicani – Francia, America, Svizzera – quanto in quelli della monarchia – Inghilterra, Germania, Italia –, dall'altro, la lotta per il potere dei diversi partiti borghesi e piccolo-borghesi che si dividono e si ridistribuiscono il "bottino" degli incarichi statali, mentre immutate permangono le fondamenta del regime borghese, che ha occasione di perfezionare e rafforzare il "potere esecutivo" del suo apparato burocratico e militare. Non vi sono dubbi sul fatto che questi siano i caratteri comuni a tutto lo sviluppo contemporaneo degli Stati capitalistici. Nei tre anni che

____

17 7 Nde. Nel testo Il 18 brumaio di Luigi Bonaparte (1852), Marx, rievocando il colpo di stato di Napoleone Bonaparte avvenuto appunto il 18 brumaio (il 9 novembre 1799 secondo il calendario gregoriano) ricostruisce minuziosamente gli avvenimenti che portarono alla svolta autoritaria e, mettendo in dubbio la legittimità del suo potere, prende in giro Luigi Bonaparte.

vanno dal 1848 al 1851, la Francia ha mostrato, in forma rapida, netta, concentrata, i processi di sviluppo propri dell'insieme del mondo capitalistico. L'imperialismo – epoca del capitale bancario e dei monopoli, epoca in cui il capitalismo monopolistico muta in capitalismo monopolistico di Stato – mostra in modo particolare lo straordinario consolidamento della "macchina statale", l'inaudito accrescimento del suo apparato burocratico e militare per accentuare la repressione contro il proletariato, sia nei paesi monarchici quanto nei più liberi paesi repubblicani. La storia universale pone oggi, in scala infinitamente più vasta che nel 1852, il compito della "concentrazione di tutte le forze" allo scopo di giungere al completo abbattimento della macchina statale. Con cosa il proletariato la sostituirà? In merito, la Comune di Parigi ci ha fornito gli esempi più istruttivi.

IN QUALE MODO MARX PONEVA LA QUESTIONE NEL 1852

Mehring, nel 1907, pubblicava sul *Neue Zeit*, alcuni passi di una lettera di Marx a Weydemeyer[18], del 5 marzo 1852. Questa missiva contiene, tra l'altro, le seguenti importantissime righe:

"Per come la vedo, a me non va riconosciuto né il merito di aver rilevato l'esistenza di classi nella società contemporanea, né quello di avere scoperto e portato l'attenzione sul confitto che si consuma tra di esse. Già molto tempo prima di me, alcuni storici della borghesia avevano esposto l'evoluzione storica di questa lotta tra classi e di ognuna di quelle classi avevano fatto l'analisi economica. Quello che io ho portato di nuovo è stato dimostrare che:

1. L'esistenza delle classi è vincolata a determinate fasi di sviluppo storico della produzione;

2. La lotta di classe conduce inevitabilmente alla dittatura del pro-

____

18 Nde. Joseph Arnold von Weydemeyer (1818 – 1866), fu un politico e militare tedesco, pioniere del socialismo negli Stati Uniti.

letariato;

3. La dittatura del proletariato è il passaggio obbligato per giungere alla soppressione di tutte le classi e a una società che ne è priva...".

In questo breve passo, Marx è riuscito innanzitutto a esprimere con estrema chiarezza l'elemento essenziale e fondamentale che distingue la sua dottrina da quelle dei più avanzati intellettuali della borghesia. In secondo luogo, egli ha qui indicato la sostanza della sua dottrina dello Stato. Elemento imprescindibile della dottrina di Marx è la lotta di classe. Questo si dice e si scrive con estenuante frequenza. Tuttavia, questo non corrisponde a verità e da questa affermazione errata deriva, di solito, una deformazione opportunistica del marxismo, un travisamento volontario del marxismo attuato per renderlo indigesto alla borghesia. Questo perché la dottrina della lotta di classe non viene da Marx, ma dalla borghesia antecedente a lui e può, in generale, *essere accettata* dalla borghesia. Colui che si *accontenta* di riconoscere il conflitto tra classi non è ancora un marxista ed è possibile che egli non riesca a spingersi oltre i limiti del pensiero e della politica borghese. Ridurre il marxismo alla lotta tra classi significa mutilarlo, farne ciò che è ritenuto accettabile dalla borghesia. Marxista lo è soltanto colui che *estende* il riconoscimento della lotta tra classi sino all'accettazione della *dittatura del proletariato*. In questo consiste la differenza più profonda tra il marxista e il banale piccolo e grande borghese. È in questo che bisogna mettere alla prova la comprensione e il riconoscimento *effettivi* del marxismo. E non c'è da stupirsi se, nel momento in cui la storia d'Europa ha condotto la classe operaia a porsi questa questione *in termini pratici*, non solo tutti i riformisti e gli opportunisti, ma pure tutti i "kautskiani" (persone che oscillano tra il riformismo e il marxismo) abbiano mostrato di essere dei miserabili filistei e dei democratici piccolo-borghesi che negano la dittatura del proletariato. L'opuscolo di Kautsky dal titolo *La dittatura del proletariato*, uscito nell'agosto del 1918, vale a dire molto tempo dopo la pubblicazione della prima edizione di codesto volume, è un modello di deformazione piccolo-borghese del marxismo e di vile e concreta rinuncia ad esso, unite a un riconoscimento ipocrita dello stesso a parole – si veda il mio testo del 1918 *La rivoluzione proletaria e il rinnegato Kautsky*. L'opportunismo contemporaneo, personificato dal suo più degno rappresentante, l'ex marxista Kautsky, rientra pienamente nella caratteristica attribuita da Marx alla posizione *borghese*, perché esso riconosce la lotta di classe solamente nei limiti dei rapporti borghesi. (Entro questi limiti, nel quadro di questi rapporti, nessun liberale colto si rifiuta di riconoscere "in linea di principio" la lotta di classe!). L'opportunismo *non porta* il riconoscimento della lotta di classe sino al punto essenziale, sino al momento del passaggio dal capitalismo al comunismo, sino all'abbattimento della borghesia e al suo completo annientamento. In realtà, questo è inevitabilmente un periodo di aspre lotte di classe, un periodo in cui le forme di questa lotta si acutizzano e quindi anche lo Stato deve essere uno Stato democratico *in modo nuovo* (verso i proletari) e dittatoriale *in modo nuovo* (contro la borghesia). Ancora. L'essenza della dottrina dello Stato di Marx può essere compresa alla radice soltanto da colui che capisce che la dittatura di *una sola classe* è necessaria non solo per ogni società classista in generale, non solo per il *proletariato* dopo aver abbattuto la borghesia, ma per un intero *periodo storico* che separa il capitalismo da una società priva di classi, ovvero dal comunismo. Le forme degli Stati borghesi sono straordinariamente varie, ma la loro sostanza è unica: tutti questi Stati sono, in un modo o nell'altro, necessariamente una *dittatura della borghesia*. Il passaggio dal capitalismo al comunismo non può non produrre un'abbondante quantità e varietà di forme politiche e tuttavia la sostanza sarà per tutte inevitabilmente una: la *dittatura del proletariato*.

III

Lo Stato e la rivoluzione. L'esperienza della Comune di Parigi (1871). L'analisi di Marx

In che cosa consiste l'eroismo del tentativo dei comunardi? È cosa nota che Marx, già alcuni mesi prima della Comune di Parigi, mettesse sull'avviso gli operai parigini, mostrando loro come ogni tentativo di rovesciare il governo sarebbe stata una mossa azzardata dettata dalla disperazione. Ma quando, nel marzo 1871, la battaglia decisiva fu imposta agli operai ed essi l'accettarono cosicché l'insurrezione divenne un fatto compiuto, Marx, nonostante i cattivi presagi, salutò con entusiasmo la rivoluzione proletaria. Egli non si ostinò a condannare per pedanteria, quella sommossa inopportuna come fece Plekhanov[19], tristemente celebre rinnegato russo del marxismo, il quale, incoraggiati nei suoi scritti del novembre 1905 gli operai alla lotta, solo un mese dopo, gridava alla maniera dei liberali: "Non bisognava far ricorso alle armi". Marx non nascose la sua ammirazione per l'eroismo dei comunardi i quali, come egli sosteneva "davano l'assalto al cielo". Nel movimento rivoluzionario delle masse, sebbene esso non avesse raggiunto i suoi scopi, Marx vide un'esperienza storica di enorme importanza, un deciso passo in avanti per una rivoluzio-

---

19 9 Nde. Georgij Valentinovic Pleckanov (1856 – 1918), filosofo, politico e critico letterario russo, fu un appassionato sostenitore del marxismo, autore dell'opuscolo Il socialismo e la lotta politica, che fu considerato dalla generazione di Lenin l'equivalente russo del Manifesto di Marx ed Engels. In occasione della scissione del Partito fra Bolscevichi e Menscevichi, Pleckanov si schierò con questi ultimi. A partire da quel momento, ebbe inizio la sua decadenza all'interno del Partito.

ne dalla portata planetaria, un tentativo pratico più probante di centinaia di programmi e riflessioni. Studiare questa esperienza, ricavarne delle lezioni di strategia, rivedere sulla base di questa esperienza le sue teorie, questo fu il compito che Marx si impose. Il solo emendamento che Marx ritenne utile apportare al *Manifesto del Partito comunista*, lo fece sulla base dell'esperienza rivoluzionaria parigina. L'ultima prefazione a una nuova edizione tedesca del volume testé citato firmata da entrambi gli autori reca la data 24 giugno 1872. In quella, Marx ed Engels asseriscono che il programma del *Manifesto del Partito comunista* "in certi passi è da considerarsi datato".

"... La Comune ha fornito prova", essi aggiungono, "che la classe operaia non può impossessarsi puramente e semplicemente di un apparato statale già costituito e utilizzarlo per i propri fini...".

Le ultime parole di questa citazione sono prese in prestito dagli autori dall'opera di Marx *La guerra civile in Francia*. All'esperienza della Comune di Parigi Marx ed Engels diedero un'importanza tale, da trarne un elemento sostanziale da apportare al *Manifesto del Partito comunista*. È cosa risaputa quanto gli opportunisti si diano pena di snaturare proprio questo sostanziale emendamento; purtroppo, i novedecimi dei lettori del *Manifesto del Partito comunista* non afferrano la portata di questa operazione. Di questa deformazione tratteremo successivamente e in maniera approfondita, in un capitolo dedicato. Qui è sufficiente rilevare che l'interpretazione corrente, dozzinale, della celebre formula di Marx da noi citata, è che Marx volesse sottolineare l'idea dell'evoluzione lenta in contrapposizione con la conquista del potere ecc. In realtà è *vero l'esatto contrario*. L'idea di Marx è che la classe operaia debba demolire, annientare *la macchina statale in essere* e non limitarsi solo a impossessarsene. Il 12 aprile 1871, vale a dire proprio durante la Comune, Marx scriveva a Kugelmann[20]:

---

20 Nde. Louis Kugelmann (1828 – 1902) fu un attivista e un pensatore socialdemocratico, amico di Marx, con il quale tenne una fitta corrispondenza.

"... Se tu rileggi l'ultimo capitolo del mio 18 Brumaio troverai che io affermo che il prossimo tentativo della rivoluzione francese non consisterà nel trasferire da una mano all'altra la macchina militare e burocratica, come è accaduto fino ad oggi, ma nell'annientarla perché questa è condizione preliminare essenziale di ogni rivoluzione popolare nel continente europeo. In questo consiste il tentativo dei nostri audaci amici parigini".

"Annientare l'apparato burocratico e militare": in queste parole è espresso uno dei massimi insegnamenti del marxismo. E proprio questo è il precetto che non solo è stato eluso, ma addirittura deformato nell'interpretazione kautskiana dominante che si fa del marxismo! Quanto al passo del *18 Brumaio* a cui Marx fa riferimento lo abbiamo riportato precedentemente in maniera integrale. È interessante soprattutto segnalare due punti del passo citato da Marx. In primo luogo, egli limita la sua conclusione al continente europeo, cosa comprensibile soprattutto nel 1871, quando l'Inghilterra era ancora il modello di un paese capitalista, senza militarismo e con scarsa burocrazia. Ragione per cui Marx escludeva l'Inghilterra, dove la rivoluzione e pure una rivoluzione popolare era allora possibile senza dover in primo luogo procedere alla distruzione di un "apparato statale già in essere". Oggi, nel 1917, epoca della Prima grande guerra imperialista, questa riserva di Marx viene meno: l'Inghilterra e l'America, che erano le più grandi e ultime nazioni rappresentative delle "libertà" anglosassoni per quanto riguarda la quasi totale assenza di militarismo e di burocrazia, sono anch'esse precipitate nello sporco, sanguinoso pantano, comune a tutta l'Europa delle istituzioni militariste e burocratiche che tutto sottomettono a sé. Attualmente in Inghilterra e in America "condizione preliminare di ogni rivoluzione popolare" è la completa distruzione "dell'impianto statale funzionante" (allineatosi perfettamente tra il 1914 e 1917 a quello europeo imperialistico dilagante).

Secondariamente, merita un'attenzione particolare l'osservazione straordinariamente profonda di Marx secondo cui l'annientamento dell'impianto militare e burocratico dello Stato è condizione imprescindibile di ogni reale rivoluzione *popolare.*

Questo concetto di rivoluzione "popolare" pare suonare strano in bocca a Marx, e i plekhanovisti e menscevichi russi, seguaci di Struve[21] che, pur volendo farsi credere marxisti, asseriscono che questa espressione è scappata a Marx erroneamente. Essi hanno deformato il marxismo in modo liberale al punto che niente esiste per loro all'infuori dell'antitesi rivoluzione borghese o rivoluzione proletaria e pure questa antitesi è da essi concepita nel modo più scolastico che si possa supporre. Se si prendono a riferimento le rivoluzioni del ventesimo secolo, bisogna riconoscere che sia la rivoluzione portoghese che quella turca furono moti insurrezionali borghesi[22]. Nessuna di queste due rivoluzioni la si può definire "popolare"; infatti, la maggior parte della popolazione agì in modo autonomo e ogni singolo individuo rivendicò le proprie particolari esigenze economiche e politiche. La rivoluzione borghese russa del 1905-1907, invece, sebbene non ebbe sortito i brillanti successi riportati in alcuni frangenti dalle rivoluzioni portoghese e turca, fu indiscutibilmente una rivoluzione assolutamente popolare, perché la massa del popolo, le sue classi "inferiori", sfruttate e oppresse, si sollevarono lasciando su tutta la rivoluzione l'impronta delle loro esigenze, del loro bisogno di costruire una nuova società che andasse a prendere il posto di quella che essi si adoperavano a distruggere. Nell'Europa del 1871, il proletariato non costituiva la maggioranza della popolazione in alcuna nazione. E una rivoluzione avrebbe potuto dirsi "popolare" solamente se avesse coinvolto il proletariato e i contadini; due classi unite dal fatto che "il meccanismo burocratico

---

21 Nde. Petr Berngardovic Struve (1870 – 1944), economista e politico russo, fu uno dei redattori delle prime riviste marxiste russe, come *La parola nuova* nel 1897 e *L'inizio* nel 1899. Dopo la guerra civile russa, scoppiata a seguito della Rivoluzione di Ottobre, il pensiero di Struve evolvette verso quello che lui stesso definì un "liberalismo conservatore di sinistra", che poneva l'idea della Libertà come fondamento necessario al futuro politico e socio-economico della Russia.

22 Nde. Il 5 ottobre 1910, ebbe luogo, in Portogallo, un colpo di Stato che depose il re Manuele II e instaurò la Prima Repubblica Portoghese, la quale sarà rovesciata con un nuovo colpo di stato nel 1926. Nel 1908 in Turchia si diffonde un movimento di opinione portato avanti da intellettuali e studenti che richiedono una costituzione che garantisca i loro diritti per via dell'enorme potere che aveva il sultano. Esso sfocia nella cosiddetta rivoluzione dei giovani turchi (1908 – 1909), che impose il ritorno alla Costituzione del 1876.

e militare dello Stato", le vessa, le opprime, le sfrutta. Demolire questo congegno, unica vera priorità della maggioranza del popolo, degli operai e dei contadini è "condizione preliminare" per giungere a una libera alleanza della classe contadina con quella del proletariato. Senza questa alleanza è improbabile forgiare una democrazia salda che conduca a una trasformazione socialista della società. È cosa nota come la Comune di Parigi si era aperta una strada verso questa alleanza che non riuscì a stringere per ragioni di ordine interno ed esterno. Facendo riferimento, quindi, a una "reale rivoluzione popolare", senza tralasciare le particolarità della piccola borghesia – di cui parlò molto e spesso – Marx teneva conto dei reali rapporti di forza che intercorrevano tra le classi nella maggior parte degli Stati continentali europei del 1871. D'altra parte, egli registrava quanto sia gli operai che i contadini siano parimenti interessati ad annullare il potere che la macchina statale esercita su di loro, che questo comune nemico li unisce fomentando in essi il desiderio di sopprimere l'organismo parassita per sostituirlo con qualcosa di nuovo e di diverso. Ma precisamente con cosa?

CON COSA DEVE ESSERE SOSTITUITO IL CONGEGNO STATALE DISTRUTTO?

Nel 1847, Marx, nel *Manifesto del Partito comunista*, non forniva a questa domanda che una risposta astratta o meglio, indicava quali fossero i problemi, ma non i modi per risolverli. Sostituire, dopo aver conquistato la democrazia, il meccanismo statale con "l'organizzazione del proletariato come classe dominante", questa era la risposta presente nel *Manifesto del Partito comunista*. Senza cadere nell'utopia, Marx si attendeva dall'esperienza di un'insurrezione di massa la concreta risposta a un tale quesito analizzando quali forme concrete avrebbe assunto l'organizzazione del proletariato come classe dominante e in che modo essa avrebbe coinciso con la conseguente e necessaria "conquista della democrazia". In *Guerra civile in Francia* (1871), Marx sottopone l'esperienza della Comune, per quanto breve essa sia stata, a una profonda analisi. Di seguito, riportiamo i passi più essenziali del suddetto testo:

"Nel secolo decimonono, eredità del medioevo, si sviluppava 'il potere centralizzato, con i suoi organi presenti in ogni ambito della società: esercito permanente, polizia, clero, burocrazia e magistratura'. A misura in cui l'antagonismo di classe tra capitale e lavoro cresceva 'il potere statale, assumeva viepiù il carattere [...] di forza pubblica organizzata per l'asservimento sociale, di uno strumento di tirannide classista. Dopo ogni rivoluzione che segnava un passo avanti nella lotta di classe, il carattere puramente repressivo del potere dello Stato si avvertiva in termini maggiormente evidenti'. Dopo la rivoluzione del 1848-1849, il potere dello Stato diviene addirittura uno 'strumento pubblico di conflitto del capitale contro il lavoro' e il Secondo Impero altro non fa che consolidarlo. La Comune fu l'antitesi diretta dell'Impero. [...] Fu la 'forma positiva' di una repubblica, che non avrebbe dovuto eliminare solamente la forma monarchica del dominio di classe, ma il dominio di classe nell'insieme...".

In cosa consisteva la sopracitata forma positiva di repubblica proletaria socialista? Qual era lo Stato che essa aveva iniziato a sviluppare?

"Il primo decreto della Comune riguardò lo smantellamento dell'esercito permanente e la sostituzione dello stesso con il popolo armato...".
Questa rivendicazione figura oggi nel programma di tutti quei partiti che ambiscono a definirsi socialisti. Tuttavia, quale sia il reale valore dei loro programmi lo testimonia la condotta tenuta dai nostri socialisti-rivoluzionari e dai nostri menscevichi, i quali, dopo la rivoluzione del 27 febbraio, di fatto si rifiutarono di dare ascolto a questa rivendicazione.

"La Comune fu composta da consiglieri municipali eletti a suffragio universale nei diversi mandamenti di Parigi, responsabili e revocabili in qualsiasi momento. La maggioranza dei suoi accoliti erano ovviamente operai o rappresentanti legittimamente riconosciuti di quella classe... Invece di seguitare ad essere agente del governo centrale, la gendarmeria fu immediatamente privata delle sue responsabilità politiche e utilizzata come strumento responsabile della Comune revocabile in qualsiasi momento e lo stesso venne disposto per i funzionari di tutti gli altri settori amministrativi. Dai membri della Comune in giù, il servizio pubblico doveva essere assolto per salari da operai. I diritti acquisiti e le indennità di rappresentanza degli altri dignitari dello Stato scomparvero con il venir meno dei dignitari medesimi. Sbarazzatisi dell'esercito permanente e della gendarmeria, componenti della forza fisica del precedente governo, la Comune si preoccupò di vincere la forza di repressione spirituale, il 'potere detenuto dal clero'... e i funzionari giudiziari, spogliati della loro sedicente indipendenza, fu deciso che dovessero essere elettivi, responsabili e revocabili...".

La Comune avrebbe dunque semplicemente sostituito il congegno statale distrutto con una democrazia più completa: scioglimento dell'esercito permanente, totale eleggibilità e revocabilità di ogni funzionario. In realtà, questo significa "semplicemente" sostituire – opera monumentale – a istituzioni di un certo genere altre istituzioni basate su principi diversi. È questo precisamente un caso di "trasformazione della quantità in qualità"; da borghese che era la democrazia, realizzata quanto più pienamente concepibile in quel frangente, è divenuta proletaria e lo Stato – forza particolare destinata a vessare una sola determinata classe – si è trasformato in qualcosa che non è propriamente più uno Stato. Ciononostante, il bisogno di reprimere la borghesia e vincerne la resistenza permane. Per la Comune era estremamente necessario assolvere a questo compito e il non averlo svolto con sufficiente risolutezza è una delle ragioni della sua sconfitta. Ma qui l'organo di repressione è la maggioranza della popolazione e non più la minoranza, come sempre era stato in regime di schiavitù, d'asservimento e sottomissione salariale. E dal momento che è la maggioranza stessa del popolo che reprime i suoi aguzzini non c'è più bisogno di una "forza particolare" di repressione! In questo senso lo Stato comincia a estinguersi. Invece delle istituzioni speciali di una minoranza privilegiata (funzionari, capi dell'esercito permanente), la maggioranza stessa può compiere direttamente le sue funzioni e quanto più il popolo assume funzioni del potere statale, tanto meno si farà sentire la necessità di questo potere. In merito è da notare un provvedimento preso dalla Comune che Marx sottolinea: l'abolizione di tutte le indennità di rappresentanza, dei privilegi economici riconosciuti ai funzionari, la riduzione degli stipendi dovuti agli stessi e a tutti i dirigenti statali equiparando i loro compensi a quelli degli operai, giustappunto qui si fa sentire quel cedere il passo della democrazia borghese alla democrazia proletaria, della democrazia imposta dagli oppressori alla democrazia delle classi oppresse, dallo Stato come "forza particolare" deputata a reprimere una determinata classe, alla persecuzione degli oppressori ad opera *della forza generale* della maggioranza del popolo, degli operai e contadini. Ed è proprio su questo punto estremamente evidente – il più rilevante forse nella questione dello Stato – che gli insegnamenti di Marx sono stati elusi! I molteplici commenti dei volgarizzatori non ne fanno cenno! È consolidata abitudine tacere su questa cosa, come su di un'ingenuità che ha fatto il suo tempo, allo stesso modo in cui i "cristiani" dimenticarono quando il loro culto divenne religione di Stato del cristianesimo originario e il suo spirito democratico rivoluzionario. La riduzione dei salari degli alti funzionari pare "semplicemente" rispondere all'esigenza di un democratico ingenuo, primitivo. Uno dei fautori del contemporaneo opportunismo, l'ex socialdemocratico Eduard Bernstein, si è spesso dilettato a ripetere dozzinali motteggi borghesi a proposito del democratismo "originario"[23]. Al pari degli altri opportunisti quali i kautskiani dei nostri giorni, Bernstein non ha assolutamente compreso che, innanzitutto, il passaggio dal capitalismo al socialismo è impossibile senza fare ritorno al democratismo primitivo: altrimenti, come sarebbe possibile far compiere alla maggioranza della popolazione le fun-

23 Nde. Il socialdemocratico Eduard Bernstein (1850-1932) fu il rappresentante più autorevole del processo storico e dell'atteggiamento teorico di revisione dei fondamenti della concezione ideologica del marxismo. Secondo Bernstein, non essendosi verificate le previsioni catastrofiche in merito al capitalismo che il marxismo annunciava, occorreva rinunciare ai metodi rivoluzionari in favore di graduali riforme sociali.

zioni dello Stato? Secondariamente che il "democratismo primitivo" sulla base del capitalismo e della civiltà capitalistica non è il democratismo primitivo delle epoche patriarcali e precapitalistiche. La civiltà capitalista *ha dato il via* alla grande produzione: alle officine, alle ferrovie, alla posta, al telegrafo e via dicendo. E, su questa base, quasi tutte le funzioni del vecchio potere statale si sono a tal punto semplificate e possono essere ridotte a così semplici operazioni di registrazione, d'iscrizione, di controllo, da poter essere benissimo compiute da tutti i cittadini con un minimo di istruzione e, per un normale "salario da operai", si deve e si può togliere a questi incarichi ogni componente che conceda loro qualsiasi carattere di privilegio e di gerarchia. Eleggibilità assoluta, revocabilità in qualsiasi momento di tutti i funzionari senza alcuna eccezione, riduzione delle loro retribuzioni rendendole pari a quelle riconosciute agli operai: questi semplici e naturali provvedimenti democratici, mentre legano gli operai e i contadini in una comunità dai medesimi interessi, al contempo preparano il passaggio da uno Stato capitalista a un Socialismo di Stato. Queste disposizioni che fanno parte della riorganizzazione statale e politica della società, assumono, però la loro piena valenza solo laddove si proceda a "espropriare gli oppressori", vale a dire a trasformare la proprietà privata capitalistica dei mezzi di produzione in proprietà statale.

"La Comune", ha scritto Marx, "rese reale lo slogan propagandistico caro alle rivoluzioni borghesi, 'governo a costi ridotti', tagliando le due maggiori voci di spesa: l'esercito permanente e i funzionari del pubblico impiego".

Tra i contadini, come tra coloro appartenenti alla piccola borghesia, solo un'esigua minoranza "si eleva", "arriva", nel senso comune dato dalla borghesia a questo termine; cioè, solo alcuni individui arrivano a godere di un'agiatezza pari a quella della borghesia o dei funzionari che vantano una posizione di privilegio. La quasi totalità dei contadini, in tutti i paesi capitalisti dove se ne contano (e questi paesi sono in maggioranza), è vessata da un governo che aspira a rovesciare, per avere a guida un modello di Stato a "costi ridotti". Solo il proletariato può rispondere a questo compito e, assolvendolo, egli fa allo stesso tempo un deciso passo verso la riorganizzazione socialista della società e dello Stato.

L'ABROGAZIONE DEL PARLAMENTARISMO

Scriveva Marx:

"La Comune non doveva essere un organismo parlamentare, ma di lavoro allo stesso tempo esecutivo e legislativo... Invece di decidere una volta ogni tre o sei anni quali membri dovessero mal rappresentare il popolo in Parlamento, il suffragio universale doveva servire al popolo costituito in comuni, come il suffragio universale è utile a ogni imprenditore privato per procurarsi braccianti, operai o la classe dirigente della sua azienda".

Questa mirabile critica al parlamentarismo, fatta nel 1871, oggi, grazie al dilagare del social-sciovinismo e dell'opportunismo, appartiene anch'essa alle "parole dimenticate" del marxismo. Ministri e politici di professione, traditori del proletariato e "socialisti in affari" dei nostri tempi, hanno lasciato, furbescamente, agli anarchici il monopolio della critica al parlamentarismo, cosicché è loro reso possibile qualificare come "anarchica" qualsiasi voce avversa al regime parlamentare! Niente di strano quindi nel fatto che il proletariato dei paesi parlamentari "progrediti", disgustato dai "socialisti" come gli Scheidemann, i Legien, i Sembat[24], i Renaudel, gli Henderson[25], i Vandervelde, gli Stauning, i Branting, i Bissolati[26] e compagnia bella, abbia sempre più spesso riversato

24 Nde. Marcel Sembat (1862 – 1922) fu un giornalista e politico francese che aderì al socialismo. Nel 1914 fu nominato ministro dei lavori pubblici nel governo presieduto da Léon Blum.

25 Nde. Arthur Henderson (1863 – 1935) fu un sindacalista e politico britannico, leader del partito laburista.

26 Nde. Thorvald Stauning (1873 – 1942) fu un politico danese, esponente del partito socialdemocratico e primo ministro della Danimarca dal 1924 al 1926 e dal 1929 fino alla sua morte. Karl Hjalmar Branting (1860 – 1925) fu un politico svedese, membro del Partito

le sue simpatie, per quanto esso sia da considerare parente stretto dell'opportunismo, sull'anarco-sindacalismo.

Per Marx la dialettica rivoluzionaria non fu mai quell'empia fraseologia che è soggetta alle mode, quel gingillo in cui la trasformarono Plekhanov, Kautsky e altri. Egli, per quella sua incapacità ad avventurarsi nella "porcilaia" del parlamentarismo borghese, seppe annientarla con decisione tramite l'anarchismo e, quando fu chiaro che non ci si trovava in un contesto rivoluzionario, seppe allo stesso tempo fornire una critica realmente proletaria e rivoluzionaria del parlamentarismo. Decidere una volta ogni diversi anni quale componente della classe dominante debba opprimere, vessare il popolo in Parlamento: ecco, la vera essenza del parlamentarismo borghese, non solo nelle monarchie parlamentari costituzionali, ma anche nelle repubbliche, le più democratiche. Tuttavia, se si pone la questione dello Stato e se si valuta il parlamentarismo come una istituzione dello stesso, come può il proletariato abrogarlo? Come può fare senza? Ci troviamo costretti a ripeterlo ancora: gli insegnamenti di Marx basati sull'analisi della Comune sono stati elusi con una tale accortezza che il "socialdemocratico" contemporaneo (ovvero il traditore del socialismo) è incapace di concepire altra critica del parlamentarismo che non sia quella degli anarchici o dei reazionari. Certo è che la via per uscire dal parlamentarismo non si trova nell'annientare le istituzioni rappresentative e il principio dell'eleggibilità, ma nel mutare queste istituzioni rappresentative di parolai in organismi che agiscano concretamente.

"La Comune non doveva essere un organismo parlamentare ma di lavoro, esecutivo e legislativo allo stesso tempo".

Un organismo "non parlamentare, ma di lavoro", questo disturba e colpisce direttamente voi, parlamentari odierni, cagnoli-

---

Socialdemocratico dei Lavoratori di Svezia. Fu Primo ministro della Svezia dal 1920 al 1925. Nel 1921 ottenne il Premio Nobel per la pace. Leonida Bissolati (1856 - 1920) fu un politico italiano, tra i fondatori del Partito Socialista Riformista Italiano e dal 1896 al 1903 direttore dell'Avanti!, organo ufficiale del Partito Socialista Italiano.

ni domestici della socialdemocrazia! Guardate un qualsiasi paese parlamentare, dall'America alla Svizzera, dalla Francia all'Inghilterra, alla Norvegia etc.: il reale e concreto lavoro di "Stato" si svolge dietro le quinte ed è responsabilità dei ministeri, delle cancellerie, degli stati maggiori. Nei Parlamenti altro non si tengono che discorsi adatti allo scopo di raggirare il "popolino". E questo corrisponde alla verità al punto che anche nella repubblica russa, democratica e borghese, tutti questi *inciuci* del parlamentarismo si fanno sentire ancor prima che essa sia riuscita a istituire un Parlamento nel vero senso della parola. I paladini del lercio filisteismo, gli Skobelev, i Tsereteli, i Cernov e i Avxent'ev, sono riusciti ad incancrenire persino i Soviet, mutandoli in acconciatori di parole sul genere del parlamentarismo borghese più rivoltante. Nei Soviet i ministri "socialisti" con la loro dialettica ingannano i fiduciosi *mugicchi*[27]. Nel governo, da un verso si balla una quadriglia senza sosta per posizionare attorno al tavolo della "torta" dei posticini remunerativi onorifici al numero maggiore possibile di socialisti rivoluzionari e di menscevichi dall'altro, per focalizzare l'attenzione del popolo altrove. E nelle cancellerie, negli stati maggiori, "si assolvono" gli obblighi "dello Stato".

Sul *Dielo Naroda*, organo dei "socialisti rivoluzionari", partito al governo, recentemente si leggeva, in un articolo di fondo redatto con l'impareggiabile franchezza propria della gente della "buona società", in cui tutti si abbandonano al meretricio politico, che anche nei ministeri appartenenti ai "socialisti" tutto l'apparato amministrativo rimane sommariamente lo stesso, funziona come in passato e sabota senza farsene cruccio le riforme rivoluzionarie! E tuttavia, anche senza questa rivelazione, la storia concreta della partecipazione dei socialisti democratici e dei menscevichi al governo non è prova lampante di quanto tutto ciò sia veritiero? L'unica cosa caratteristica è qui che, trovandosi al governo in alleanza con i cadetti, i signori Cernov, Russanov,

---

27 Nde. Con il termine mugicco ci si riferisce al contadino russo della Russia precedente alla rivoluzione del 1917. Esso reca in sé la connotazione dispregiativa di contadino povero, rozzo e zotico.

Zenzinov[28] e altri redattori del *Dielo Naroda*, hanno perduto a tal punto il senso del pudore da raccontare pubblicamente e senza arrossire, come si trattasse di un'inezia, che "nei loro ministeri", tutto prosegue come un tempo! Terminologia democratica rivoluzionaria per trarre in inganno i sempliciotti di campagna e meccanismo burocratico per farsi ben volere dai capitalisti: ecco le fondamenta su cui poggia questa onesta coalizione. La Comune sostituisce questo parlamentarismo venale e corrotto della società borghese con istituzioni in cui la libertà di espressione non degenera in inganno perché i parlamentari stessi sono costretti a lavorare, a legiferare assumendosi la responsabilità delle leggi da loro promulgate davanti agli elettori. Le istituzioni rappresentative rimangono, ma il parlamentarismo, come divisione del lavoro legislativo ed esecutivo, come condizione privilegiata per i deputati, *non è più in essere*. Noi non possiamo concepire una democrazia, per quanto proletaria, senza istituzioni rappresentative, ma possiamo e dobbiamo forgiarla senza parlamentarismo, se la critica della società borghese non è una parola per noi priva di senso, se il nostro sforzo per spezzare il giogo della borghesia è sincero e non uno slogan elettorale utile a prendere i voti delle masse operaie, alla maniera dei vari Scheidemann, Legien, Sembat e Vandervelde. È significativo che Marx, facendo cenno alle funzioni di questo personale amministrativo necessario alla Comune e alla democrazia proletaria, scelga come termine di confronto il personale di "un qualunque imprenditore", vale a dire, un'ordinaria impresa capitalistica con "operai, sorveglianti e impiegati". In Marx non c'è un briciolo di visione utopica; egli non inventa, non immagina una società "nuova", analizza, come un processo di storia naturale, la genesi della nuova società che nasce dalla vecchia, le forme di transizione tra l'una e l'altra. Egli prende a riferimento i fatti, l'esperienza del movimento proletario di massa da cui cerca di trarre insegnamenti pratici. Egli

---

28 Nde. Nikolay Sergeyevich Rusanov (1859 – 1939) fu un rivoluzionario russo, membro del Partito Socialista Rivoluzionario. Contestatore della Rivoluzione bolscevica del 1917, l'anno successivo fu costretto a lasciare il paese. Vladimir Zenzinov (1880 - 1953), membro del Partito Socialista Rivoluzionario, partecipò alle tre rivoluzioni russe e fu autore di numerose opere.

si ascrive alla "scuola" della Comune come tutti i grandi pensatori rivoluzionari non esitavano ad apprendere dai grandi movimenti delle classi oppresse senza mai fare loro la morale, come usava fare Plekhanov dicendo: "È stato un errore far ricorso alle armi", o Tsereteli dichiarando: "Una classe deve sapersi autolimitare". Non sarebbe possibile eliminare dappertutto, di punto in bianco, la burocrazia. È un'utopia. Ma demolire subito la vecchia macchina amministrativa per iniziare immediatamente a costruirne una nuova che consenta la graduale soppressione di ogni burocrazia non è un'utopia, ma l'esperienza della Comune, il compito primo di ogni proletariato rivoluzionario. Il socialismo semplifica i sistemi di gestione amministrativa dello "Stato" permette di eliminare la gerarchia e di ridurre tutto a un'organizzazione proletaria, in quanto classe dominante, che annetta, traendoli dalla società civile, "operai, sorveglianti e impiegati".

Noi non andiamo a rinfoltire la schiera degli utopisti. Non "vagheggiamo" di fare a meno dall'oggi al domani di ogni apparato amministrativo, di ogni subordinazione; questa è l'idea chimerica degli anarchici, che trova fondamento nell'errata interpretazione dei compiti da affidare a una dittatura del proletariato e che niente ha in comune con il marxismo; di fatto essa serve solo a posticipare la rivoluzione socialista al giorno in cui gli uomini saranno migliori. Noi, diversamente da loro, vogliamo la rivoluzione socialista oggi con gli uomini quali essi sono, i quali non sapranno fare a meno di subordinazione, controllo, "sorveglianti e contabili". Ma bisogna subordinarli all'avanguardia armata di tutti gli oppressi e di tutte le classi lavoratrici, ovvero al proletariato. Si può e si deve immediatamente, dall'oggi al domani, iniziare a sostituire la specifica "gerarchica" dei funzionari dello Stato con la semplice qualifica di sorveglianti e di contabili, qualifiche che sono da subito perfettamente accessibili al livello generale di sviluppo degli abitanti delle città e a cui si possono riconoscere "salari da operai". Organizziamo i grandi processi industriali partendo da quanto il capitalismo ci ha lasciato; perfezionandoli noi stessi, noi operai, in virtù della nostra esperienza, imponendo una rigida disciplina, mantenuta tramite il potere statale dei lavoratori armati; riduciamo i funzionari statali tutti alla qualifica "di sorveglianti e contabili", retribuiti modestamente, responsabili e revocabili (pur conservando i tecnici di ogni genere e grado): è questo il nostro compito, è da questo che si deve e si può cominciare in una rivoluzione proletaria. Questo inizio, fondato sulla grande produzione, porta da sé alla progressiva scomparsa della burocrazia, alla graduale instaurazione di un ordine, diverso dall'asservimento salariale, in cui le funzioni, sempre più semplificate, di sorveglianza e impiego contabile saranno da tutti adempiute a turno, fino a quando, divenute consuetudine, determineranno la radicale eliminazione di una categoria di persone che assolvevano a queste funzioni.

Verso il 1870, un arguto socialdemocratico tedesco considerava il servizio postale come un modello di impresa capitalista. Ciò è più che corretto. La posta, al momento, è un'azienda strutturata sul modello del monopolio *capitalistico* di Stato. Poco a poco l'imperialismo muta tutti i *trust* in organizzazioni di questo genere. I "semplici" lavoratori, sfruttati e affamati, rimangono sempre sottomessi alla stessa burocrazia borghese. Fortunatamente il meccanismo di gestione sociale è stato preparato in anticipo. E, una volta disarcionati i capitalisti grazie all'intervento della classe operaia armata, rimossa ogni resistenza di questi despoti e demolita la macchina burocratica dello Stato in essere, avremo innanzi a noi un meccanismo perfettamente oliato dal punto di vista tecnico, liberato dal "parassita", che i lavoratori possono essi stessi far funzionare richiamando tecnici, sorveglianti, contabili, impiegati, retribuendo il lavoro di tutti questi con una paga pari a quella riconosciuta a tutti i funzionari di Stato, ovvero quella degli operai. È questo il compito pratico, immediatamente realizzabile nei confronti di tutti i trust, che potrà liberare i lavoratori da ogni asservimento, se si tiene conto dell'esperienza portata avanti nel campo dell'organizzazione dello Stato, della Comune. L'intera economia nazionale strutturata come l'azienda postale; tutti i suoi elementi, tecnici, sorveglianti, contabili, vertici impiegatizi etc., retribuiti con uno compenso pari a quanto riconosciuto all'operaio, tenuti sotto il controllo e la direzione del proletariato armato: ecco lo scopo immediato da perseguire, ecco il precetto economico su cui deve reggersi lo Stato di cui abbiamo bisogno. Ecco dove ci porterà l'annientamento del parlamentarismo e il mantenimento delle istituzioni rappresentative, ecco ciò che eviterà alle classi lavoratrici di continuare a vedere queste istituzioni prostituite dalla borghesia.

L'ORGANIZZAZIONE DELL'UNITÀ NAZIONALE

In un abbozzo sommario di organizzazione nazionale che la Comune non ebbe tempo di sviluppare, è scritto che essa doveva fungere da modello di forma politica a cui ricondurre anche il paese più piccolo e sperduto... Le Comuni avrebbero eletto la "delegazione nazionale" di Parigi. Il governo centrale avrebbe assolto ancora ad alcune importanti funzioni che non sarebbero state soppresse come era stato erroneamente asserito in un primo momento, ma sbrigate da commissari comunali responsabili...

"L'unità nazionale non doveva venire pregiudicata, ma organizzata dalla costituzione comunale; essa doveva assurgere a realtà conclamata a seguito dell'annientamento di quel potere statale che pretendeva di essere l'incarnazione di questa unità, indipendente e persino superiore a essa mentre altro non era che un'escrescenza parassitaria. Mentre gli organismi prettamente repressivi del passato potere governativo dovevano essere rimossi dalle mani di un'autorità che occupava una posizione predominante sulla società e restituiti agli agenti, ora, responsabili della stessa"[29].

Fino a qual punto gli opportunisti socialdemocratici contemporanei non abbiano inteso, o meglio, non abbiano voluto comprendere queste considerazioni di Marx è testimoniato dal volume Le premesse del socialismo e i compiti della socialdemocrazia, per mezzo del quale il traditore Bernstein, alla maniera di

---

29 Nde. K. Marx, La guerra civile in Francia, 1871.

Erostrato[30], ha acquisto una certa fama.

In merito al brano sopracitato di Marx, Bernstein scrisse che il suo programma:

"Nel contenuto politico rivela, in ogni suo tratto essenziale, una spiccata affinità con il federalismo di Proudhon[31]... A dispetto di ogni altra divergenza tra Marx e il 'piccolo-borghese' Proudhon, il loro modo di vedere le cose, sotto questo aspetto, appare quanto di più simile possa esserci. Certo", prosegue Bernstein, "l'importanza delle municipalità aumenta, ma mi pare cosa assai bizzarra che il primo impiego della democrazia debba consistere nella disgregazione degli Stati moderni e in un mutamento così radicale della loro organizzazione come lo teorizzano Marx e Proudhon: costituzione di un direttivo nazionale di delegati provenienti dai dipartimenti provinciali che, a loro volta, sarebbero composte da rappresentanti delle comuni, in modo che le rappresentanze nazionali, nella forma in cui si presentano oggi, scompaiano"[32].

Tutto ciò è, a dir poco, mostruoso! Confondere il pensiero di Marx sulla "soppressione del potere dello Stato parassita" con il federalismo di Proudhon! Ma questo non avviene certo per caso, dato che all'opportunista sopra citato, non passa neppure per la mente che Marx non parli del federalismo in opposizione al centralismo, ma della demolizione del sistema borghese comune a tutti i paesi dominati dalla borghesia. All'opportunista giunge all'orecchio solo ciò che egli vuole sentire, serrato com'è in quel suo habitat piccolo-borghese di stagnazione "riformista", ovvero nelle uniche, vere municipalità!

Quanto alla rivoluzione del proletariato, egli ha ormai da

---

30 Nde. Erostrato fu un pastore dell'antica Grecia, il quale, deciso ad acquisire fama, incendiò e distrusse una delle sette meraviglie del mondo antico, il celebre tempio di Artemide.

31 Nde. Pierre Proudhon (1809 – 1865) fu un uomo politico, pensatore ed economista francese, autore, tra gli altri, del testo Del principio federativo (1863).

32 Nde. Bernstein, Le premesse.

tempo imparato a escluderla da ogni sua riflessione.

Tutto ciò è ridicolo! Tuttavia, è degno di nota che su questo punto nessuno si sia azzardato a contraddire Bernstein. Molti hanno confutato le sue idee, specialmente Plekhanov e Kautsky, ma nessuno ha mai fatto menzione di questa volontaria mistificazione che Bernstein fa di Marx. L'opportunista si è tanto allontanato dal pensiero rivoluzionario, che attribuisce il "federalismo" a Marx, confondendolo con Proudhon, padre dell'anarchismo. E Kautsky e Plekhanov, che si vantano di essere marxisti ortodossi e paladini del marxismo rivoluzionario, tacciono su questa cruciale questione! Ecco una delle ragioni essenziali del modo estremamente banale, proprio tanto dei kautskiani quanto degli opportunisti, su cui dovremo ritornare per considerare la differenza corrente tra marxismo e anarchia. Nelle valutazioni di Marx già riportate sull'esperienza della Comune, non vi è alcun sentore di federalismo. Marx è in accordo con Proudhon su un punto che Bernstein non rileva e dissente da lui dove quell'opportunista vede concordanza. Marx condivide con Proudhon la necessità di demolire l'apparato statale. Questa assonanza tra marxismo e anarchia non vogliono vederla gli opportunisti, né i kautskiani, perché entrambi, su questa questione, hanno preso le distanze dal marxismo. Marx dissente sia da Proudhon che da Bakunin[33] in merito al federalismo. In linea di principio il federalismo deriva dal modo in cui il piccolo-borghese vede l'anarchismo. Marx è centralista. E, in tutti i suoi scritti citati, non si troverà una parola di rinuncia al centralismo. Solo gente impregnata di una dozzinale "fede superstiziosa" nello Stato può scambiare l'annientamento del sistema instaurato dalla borghesia con la rimozione del centralismo! Come altro si può chiamare, se non centralismo, una situazione in cui contadini e operai, preso possesso del potere statale, si organizzano in piena libertà nelle Comuni, coordinano le azioni di tutte quelle presenti sul territorio per troncare ogni resistenza dei capitalisti, allo scopo di restituire a *tutta* la

---

33 Nde. Michail Bakunin (1814 – 1876) fu un rivoluzionario e anarchico russo, reputato, con Proudhon, il fondatore dell'anarchismo moderno. Tra i suoi scritti, Stato e anarchia (1873), Tre conferenze sull'anarchia (1871).

nazione, alla società nel suo insieme, la proprietà delle ferrovie, delle fabbriche, della terra ecc., beni che sono stati ad essa indebitamente sottratti? A tutto questo, non è forse conseguente un centralismo democratico a matrice proletaria? Bernstein è incapace di concepire la possibilità di un centralismo volontario, di un convogliare spontaneo delle Comuni in nazione, di una volontaria fusione delle Comuni proletarie per giungere insieme alla totale distruzione del meccanismo che regola il potere della borghesia. Bernstein, come ogni filisteo, si figura il centralismo come qualcosa che, imposto dall'alto, non può essere mantenuto se non tramite la burocrazia e il militarismo. Marx, quasi avesse presentito che le sue idee potevano essere mal comprese, sottolinea intenzionalmente che accusare la Comune di Parigi di aver voluto pregiudicare l'unità nazionale e sopprimere il centralismo equivale a macchiarsi scientemente di un falso. Marx si avvale a ragion veduta dell'espressione "organizzare l'unità della nazione" allo scopo di contrapporre il centralismo proletario consapevole, democratico, a quello borghese, burocratico e militare. Ma non c'è peggior sordo di colui che non vuole sentire e gli opportunisti dell'odierna socialdemocrazia non gradiscono sentire parlare della distruzione di uno Stato parassitario.

L'ANNIENTAMENTO DELLO STATO PARASSITA

Abbiamo già riportato, in merito, alcuni passi di Marx e adesso siamo in dovere di completarli:

"... È destino di tutte le creazioni storiche innovative essere prese, a torto, per la replica di antiche e sepolte forme di vita sociale, con le quali possono avere una certa rassomiglianza. Così, questa nuova Comune, che ribaltava il moderno concetto di potere statale, venne erroneamente ritenuta una riproposta dei comuni di epoca medioevale... una federazione di piccoli staterelli, come era stata immaginata da Montesquieu e dai girondini[34]... una forma estrema di lotta contro l'eccessiva centralizzazione... La costituzione della comune avrebbe invece restituito al corpo sociale tutte le energie fino a quel momento assorbite dallo Stato parassita, che si nutre alle spalle della società rendendone difficoltosi i movimenti. Con questo solo atto sarebbe iniziata la rigenerazione della Francia... In realtà, la costituzione della Comune poneva i produttori rurali sotto la direzione intellettuale dei capoluoghi, dei loro distretti, cosicché essi trovavano nelle masse lavoratrici, i naturali tutori dei loro interessi. L'esistenza stessa della Comune portava con sé, come conseguenza naturale, la libertà municipale locale, ma non più come contrappeso al potere dello Stato oramai divenuto superfluo...".

"Annientamento del potere Statale", di quella "escrescenza parassitaria", "radicale abbattimento di questo potere", "il potere dello Stato oramai divenuto superfluo": è in questi termini che Marx parla dello Stato, valutando e analizzando l'esperienza della Comune. Tutto questo è stato scritto circa cinquant'anni or sono. E oggi si è quasi costretti ad effettuare degli scavi archeologi per far entrare nella coscienza delle masse questo marxismo non snaturato. Le conclusioni che Marx trasse dagli ultimi moti rivoluzionari dei quali fu testimone sono finite nel dimenticatoio proprio nel momento in cui si prospettano nuove grandi rivoluzioni condotte dal proletariato.

"La molteplicità delle interpretazioni che circolano intorno alla Comune testimoniano che essa fu una forma politica fondamentalmente espansiva, mentre tutte le precedenti forme di governo si erano mostrate unilateralmente repressive. Il suo vero segreto fu questo: che essa fu un governo della classe operaia, il prodotto del conflitto in essere tra coloro che producono e coloro che, da quella produzione, traggono profitto, una forma politica nella quale era reso possibile giungere a un'emancipazione economica dal lavoro... Senza quest'ultima condizione, istituire la Comune

---

34 Nde. Charles-Louis de Sécondat, barone di Montesquieu (1689 – 1755) è considerato uno dei massimi esponenti dell'Illuminismo francese e del liberalismo politico moderno. Con il termine girondini, coniato durante la Rivoluzione francese, si indicavano gli appartenenti al gruppo politico formatosi all'Assemblea legislativa (1791) attorno alla frazione dei deputati del dipartimento della Gironda.

sarebbe stato impossibile e quello che ne sarebbe risultato un inganno...".

Gli utopisti si sono sempre preoccupati di "scoprire" forme politiche, tramite le quali doveva avvenire la trasformazione della società. Gli anarchici non hanno mai mostrato particolare interesse a questa questione, mentre gli opportunisti dell'odierna socialdemocrazia hanno accolto le forme politiche borghesi dello Stato democratico parlamentare come limite oltre il quale è improponibile spingersi; si sono rotti la testa a furia di protestare davanti a questo "modello" e tuttavia hanno tacciato di anarchismo ogni tentativo di demolire le forme proposte dalla borghesia. Da tutta la storia del socialismo e della lotta politica, Marx trasse la convinzione che lo Stato è destinato a scomparire e che la forma transitoria da contrapporre allo Stato declinante (il passaggio dallo Stato al non-Stato) avrebbe necessariamente dovuto essere "il proletariato organizzato come forza dominante". Per quanto riguarda le forme politiche in cui mantenere questo futuro accadimento, Marx non si fece carico di "scoprirle", preferì limitarsi all'osservazione e allo studio della storia francese da cui trasse la conclusione che espose nel 1851: tutto fa pensare che si stia andando verso la dissoluzione della macchina dello Stato, tanto cara alla borghesia. E quando il proletariato insorto cadde in disgrazia, Marx, a dispetto della sconfitta, a dispetto della fragilità dimostrata, che non aveva permesso al movimento rivoluzionario di imporsi a lungo, prese a studiare le *forme* che esso aveva *rivelate*.

La Comune è stata il primo tentativo messo in atto dalla rivoluzione proletaria per abbattere il complesso meccanismo su cui si reggeva lo Stato borghese; è stata la forma politica "finalmente rivelata" che può e deve sostituire quanto andrà inevitabilmente rotto. Vedremo in seguito come le rivoluzioni russe del 1913 e del 1917 proseguirono, in un diverso contesto, nell'opera riformatrice della Comune, dando ragione all'arguta analisi storica compiuta da Marx.

IV

Seguito. Spiegazioni complementari di Engels

Marx ha espresso ciò che è essenziale sapere sull'importanza dell'esperienza della Comune. Engels è ritornato più volte sulla questione, dando una sua interpretazione all'analisi e alle conclusioni di Marx e spiegandone talvolta *altri* aspetti con una tale forza che è necessario soffermarsi sulle sue osservazioni.

IL PROBLEMA DELLE ABITAZIONI

Nella sua opera inerente a questo tema (1872) Engels parte già dall'esperienza della Comune quando, a più riprese, si sofferma sugli obblighi della rivoluzione nei confronti dello Stato. È interessante appurare come, in questa concreta problematica, compaiano con evidenza, da una parte, i tratti di affinità tra lo Stato proletario e lo Stato odierno, – segni contraddistintivi che permettono in entrambi i casi di parlare di Stato – dall'altra, le palesi differenze, o meglio, il farsi carico del primo agli obblighi necessari per giungere alla completa soppressione del secondo.

"Come risolvere dunque il problema delle abitazioni? Nell'odierna società, allo stesso modo in cui si risolve ogni altra questione sociale: mediante la graduale perequazione economica di domanda e offerta, soluzione che riporta nuovamente alla stessa questione, per cui va esclusa... Il modo in cui risolverebbe la questione una rivoluzione socialista non dipende soltanto dalle condizioni del momento, è anche connessa a una serie di questioni ben più ampie, tra le quali la più rilevante è quella del superamento dell'antitesi tra città e campagna. Dato che noi non siamo tra coloro che propagandano sistemi utopici per giungere alla società futura, dilungarci sulla faccenda sarebbe da ritenersi superfluo. Tuttavia, una cosa è certa fin da adesso, nei grandi centri urbani si conta una quantità di edifici abitativi, da consentire di porre immediato rimedio, con un utilizzo razionale di quelle stesse abitazioni, a una concreta mancanza di alloggi. Questo, naturalmente, lo si può fare solo a condizione che gli attuali proprietari siano privati del loro bene immobile e che questo sia affidato a chi è senza dimora o ad operai che vivono ammassati in numero eccessivo in baracche malridotte; ecco, quando il proletario avrà conquistato il potere politico, un provvedimento di questo tipo sarà facile da prendere, allo stesso modo in cui sono semplici oggi espropriazioni e occupazioni imposte dall'attuale Stato"[35].

Qui non si prende in considerazione il mutamento di forma del potere statale, ma soltanto il contenuto del suo attivismo. Anche per disposizioni dell'odierno Stato si procede a espropriazioni e requisizioni di alloggi. Dal punto di vista formale, anche lo Stato proletario "ordinerà" alcune requisizioni di unità abitative, ma per ragioni e motivi assai diversi da quelli dello Stato borghese.

"... D'altronde si deve constatare che la "effettiva presa di possesso" di tutti gli strumenti di lavoro, la presa di possesso di tutti gli impianti industriali da parte delle classi lavoratrici sono cosa assai diversa dal 'riscatto' proudhoniano. Con il riscatto, il singolo lavoratore diviene proprietario dell'abitazione, della cascina, degli strumenti di lavoro; con l'espropriazione il 'popolo lavoratore' rimane proprietario in toto delle case, delle industrie, dei mezzi di produzione e – quantomeno nella fase di transizione – sarà improbabile che ne conceda l'usufrutto a singoli o a società senza corresponsione delle spese. Allo stesso modo, l'abrogazione della proprietà fondiaria non è l'eliminazione della rendita fondiaria, ma il suo trasferimento,

---

35 Nda. F. Engels, *La questione delle abitazioni*, 1887.

sia pure in forma diversificata alla società. La presa di possesso effettiva di tutti i mezzi di produzione da parte del popolo lavoratore, dunque, non esclude il persistere dei rapporti di locazione".

Esamineremo nel capitolo seguente la questione qui accennata, vale a dire quella delle fondamenta economiche sulle quali si procede all'eliminazione dello Stato. Engels si esprime qui con estrema cautela, dichiarando che lo Stato proletario presumibilmente, nella fase di transizione, non distribuirà gli alloggi a titolo gratuito. La cessione delle abitazioni di cui è proprietario tutto il popolo, a queste o quelle famiglie in cambio di un canone di locazione, presuppone dunque un certo controllo e l'instaurazione di certe norme di ripartizione delle strutture domiciliari. Tutto questo esige una certa forma di Stato, ma non rende necessario un apparato militare e burocratico composto da funzionari che godano di una condizione di privilegio. Il passaggio a uno stato di cose in cui gli alloggi possono essere assegnati gratuitamente è vincolato al definitivo venir meno dello Stato. Facendo riferimento ai blanquisti[36] i quali, influenzati dall'esperienza della Comune, sposarono i principi del marxismo, Engels così definisce brevemente la loro posizione:

"... necessità dell'azione politica del proletariato e della sua dittatura, in una fase di transizione che porta all'abolizione delle classi e con esse dello Stato...".

Neofiti di critica letterale o borghesi "avversatori del marxismo" troveranno forse contraddittorio questo *riconoscimento* della necessità di abolire lo Stato e la negazione di questa risoluzione, giudicata anarchica nel passo citato dell'*Antiduhring*. Non ci sarebbe da stupirsi nel vedere gli opportunisti bollare anche Engels come anarchico: accusare gli internazionalisti di

---

36 Nde. Il blanquismo costituì una corrente del movimento operaio francese del XIX sec., rappresentata dall'attività e dal pensiero di L. A. Blanqui (1805 - 1881). Erede della tradizione cospirativa di F. Buonarroti, Blanqui sostenne l'assunzione del potere da parte del proletariato attraverso la tecnica del colpo di Stato.

anarchismo è oggi, tra i social-sciovinisti, una prassi assai diffusa.

Il marxismo ha sempre detto che l'abolizione delle classi è preludio allo smantellamento dello Stato. Il passo noto ai più dell'Antidühring sull'estinzione del medesimo rimprovera gli anarchici non tanto di sposare questa risoluzione, ma di pretendere che sia possibile attuarla dall'oggi al domani. Poiché la dottrina "socialdemocratica" oggi prevalente ha radicalmente deformato l'atteggiamento tenuto dai marxisti nei confronti degli anarchici sulla questione della soppressione dello Stato, sarà particolarmente utile ricordare una polemica di Marx e di Engels giustappunto con questi ultimi.

POLEMICA CON GLI ANARCHICI

Questa polemica è da ricondurre al 1873. Marx e Engels avevano pubblicato, in una raccolta socialista italiana, degli articoli contro i proudhoniani, "autonomisti" che solo nel 1913 comparvero tradotti in tedesco sulla Neue Zeit[37]. Scriveva Marx, irridendo gli anarchici e il loro rifiuto della politica:

"... Se la lotta politica della classe operaia assume forme violente, se gli operai rinunciano alla loro dittatura rivoluzionaria per sposare un regime borghese, essi si macchiano del terribile delitto di leso principio, perché, per soddisfare miserabili bisogni di ogni giorno, per schiacciare la resistenza borghese, invece di abbassare le armi e porre fine allo Stato, essi le danno una forma rivoluzionaria e transitoria...".

È contro questa "cessazione" dello Stato – e non altro – che Marx si levava nella sua polemica contro gli anarchici! Non contro l'idea che lo stato scompaia con il superamento delle classi, ma contro la rinuncia degli operai a far ricorso alle armi, alla violenza organizzata, vale a dire di *Stato*, utile e necessaria per

---

37 Nde. Il nuovo tempo (Die Neue Zeit) fu una rivista politica tedesca di orientamento socialista e marxista, fondata e diretta da Karl Kautsky e pubblicata in Germania dal 1883 al 1923.

"vincere ogni resistenza della borghesia". Affinché non si travisi il vero significato della sua lotta all'anarchismo, Marx pone intenzionalmente l'accento sulla forma *rivoluzionaria* e *transitoria* dello Stato necessaria al proletariato. Il proletariato necessita dello Stato solo per un dato lasso di tempo. Quanto all'abolizione dello Stato come *fine* noi non ci troviamo affatto in disaccordo con gli anarchici. Noi affermiamo che, per conseguire questo scopo, è necessario avvalersi temporaneamente, contro gli sfruttatori, degli strumenti, dei mezzi, dei metodi del potere statale, nel modo in cui è ritenuto opportuno per eliminare le classi e istituire la dittatura temporanea della classe oppressa. Nel porre le questioni contro gli anarchici, Marx sceglie il modo più inciso e più chiaro: abbattendo il giogo dei capitalisti, gli operai debbono "deporre le armi" o rivolgerle contro i capitalisti per vincere ogni loro resistenza? E se una classe fa sistematicamente uso delle armi contro un'altra classe, cos'è questa se non una forma transitoria di Stato? Per cui, ogni socialdemocratico si chieda: è così che Marx ha posto il problema dello Stato nella polemica contro gli anarchici? È così che il problema è stato posto dalla stragrande maggioranza dei partiti socialisti ufficiali della Seconda Internazionale? Engels sviluppa le stesse idee in modo ancora più dettagliato e popolare. Innanzitutto, egli deride la confusione di idee dei prodhoniani che si definivano "anti-autoritari", ovvero negatori di ogni autorità, di ogni potere costituito. Prendete una fabbrica, una ferrovia, un bastimento in navigazione", sostiene Engels, "non è evidente che, senza una certa subordinazione e quindi senza una certa autorità o potere, non è possibile far funzionare nemmeno uno di questi complicati apparati tecnici, fondati sull'impiego delle macchine e la metodica collaborazione di un gran numero di persone?".

Scrive Engels:

"... Quando io sottoposi simili argomentazioni ai più sfegatati antiautoritari, essi non seppero darmi che la seguente risposta: 'Certo, ciò che lei sostiene è vero, ma qui non si tratta di un'autorità che noi affidiamo a dei rappresentanti, ma di un incarico'. Codesti signori credono di aver cambiato le cose, ma in realtà le hanno solo diversamente nominate".

Dopo aver così dimostrato che autorità e autonomia sono nozioni relative, che il campo della loro applicazione varia a seconda delle differenti fasi di sviluppo sociale e che è assurdo ritenerle come qualcosa di assoluto; dopo aver aggiunto che il settore di applicazione delle macchine e della grande industria va sempre più ampliandosi, Engels passa dalle considerazioni generali sull'autorità alla questione del problema dello Stato. Scrive in merito:

"... Se gli autonomisti si limitassero a dire che l'organizzazione sociale futura limiterà l'autorità ai soli limiti nei quali le condizioni della produzione la rendono inevitabile, si potrebbe capirli; invece, essi sono ciechi per tutti i fatti che rendono necessaria la cosa e si avventano contro la parola. Perché gli anti-autoritari non si limitano a fare la voce grossa contro l'autorità politica, vale a dire lo Stato? Tutti i socialisti sono concordi su questo: che lo Stato politico e con lui l'autorità politica, a seguito della prossima rivoluzione sociale, scompariranno; questo significa che le funzioni politiche perderanno il loro carattere politico e, nel rispetto dei concreti interessi sociali, si occuperanno solo di semplici funzioni amministrative. Ma gli anti-autoritari chiedono che lo Stato politico autoritario venga destituito immediatamente, prima ancora che si siano distrutte le condizioni sociali che l'hanno generato. Essi chiedono che il primo passo della rivoluzione sociale sia l'abolizione di ogni autorità. Ma questi signori hanno mai veduto una rivoluzione? Una rivoluzione è senza dubbio la cosa più autoritaria che esiste: è l'atto per il quale una parte della popolazione impone la sua volontà all'altra con armi e mezzi autoritari. E il partito vittorioso, se non vuole avere combattuto invano, deve mantenere il suo dominio con il terrore che il suo arsenale bellico ispira ai reazionari. La Comune di Parigi sarebbe durata un solo giorno, se non avesse avversato con le armi la classe borghese. Si può rimproverarle, allora, di averne fatto abbondante uso? Dunque, delle due cose l'una: o gli anti-autoritari non sanno ciò che dicono, e in tal caso non diffondono che confusione, o essi sono consapevoli di ciò che fanno e, in questo caso, tradiscono il movimento proletario. In entrambi i casi, essi servono i reazionari...".

In questo passo, si fa accenno a questioni che devono essere esaminate in connessione con il problema dei rapporti tra politica ed economia nel periodo dell'estinzione dello Stato (il capitolo successivo tratta giustappunto di questo tema). Tali sono i problemi inerenti alla trasformazione delle funzioni pubbliche configuratesi politiche a semplici organi di carattere amministrativo; tale è il problema dello "Stato politico". Quest'ultima espressione, particolarmente suscettibile di far nascere dei malintesi, mostra il processo dell'estinzione dello Stato: lo Stato che declina a un certo punto del suo venir meno, può essere definito Stato non politico. La cosa più rilevante di questo passo di Engels è ancora una volta il modo in cui egli imposta la questione contro gli anarchici. I socialdemocratici, che si vantano di essere allievi di Engels, hanno polemizzato innumerevoli volte con gli anarchici dopo il 1873, ma non hanno discusso come i marxisti possono e debbono fare. L'idea che si fanno gli anarchici del superamento dello Stato è vaga e non rivoluzionaria: ecco come Engels impostò la questione. È proprio la rivoluzione, nel suo sorgere, nella sua crescita e nei suoi compiti specifici rispetto alla violenza, all'autorità, al potere, allo Stato, che gli anarchici si rifiutano di vedere. Per i socialdemocratici contemporanei la critica dell'anarchismo si limita generalmente alla seguente banalità piccolo-borghese: "Noi accettiamo lo Stato, gli anarchici no!". Naturalmente una banalità del genere non può che suscitare l'avversione degli operai rivoluzionari dotati di un minimo di cervello. Tuttavia, è ben altro ciò che dice Engels: egli, infatti sottolinea che tutti i socialisti riconoscono che la scomparsa dello Stato è conseguenza della rivoluzione socialista. In seguito, egli pone in modo concreto la questione della rivoluzione, il fatto appunto che i socialdemocratici, per il loro opportunismo, generalmente eludono, abbandonando agli anarchici il monopolio della pseudo "elaborazione" di questo problema. E, ponendo tale questione, Engels affronta la cosa di petto: la Comune non avrebbe dovuto forse servirsi maggiormente del potere rivoluzionario dello Stato, voglio dire del proletariato armato organizzato come classe dominante? La socialdemocrazia ufficiale e dominante generalmente ha eluso il problema dei compiti concreti del proletariato nella rivoluzione, o con un semplice sarcasmo da filisteo o nel migliore dei casi con questa battuta, sofisticata ed evasiva: "Si vedrà poi!". Gli anarchici erano nel pieno diritto di rimproverare, a un tale socialdemocrazia, di venir meno al suo potere di educare a uno spirito rivoluzionario gli operai. Engels mette a profitto l'esperienza dell'ultima rivoluzione proletaria, per studiare nel modo più concreto quello che il proletariato deve fare per ciò che riguarda sia le banche, che lo Stato e come deve farlo.

UNA MISSIVA A BEBEL[38]

Una delle considerazioni più importanti, se non la più importante che troviamo nei testi di Marx e di Engels sullo Stato, si trova nel seguente passo di una lettera indirizzata da Engels a Bebel il 18-28 marzo 1875.

Per quanto mi è dato sapere, questa missiva è stata pubblicata per la prima volta nel secondo volume delle memorie di Bebel *Ricordi della mia vita* nel 1911, vale a dire 36 anni dopo che era stata scritta e inviata. Engels aveva scritto a Bebel criticando il progetto del programma di Gotha che anche Marx aveva criticato nella sua celebre lettera a W. Bracke. Parlando del problema dello Stato Engels scrive:

"Lo Stato popolare libero si è trasformato in Stato libero. Nel senso letterale di queste parole, uno Stato libero è quello che può configurarsi libero verso i suoi cittadini, cioè è uno Stato in senso dispotico. Sarebbe ora di farla finita con tutte queste chiacchiere sullo Stato, specialmente dopo che non era più uno Stato nel vero senso della parola. Gli anarchici ci hanno spesso rinfacciato lo Stato popolare, nonostante già il libro di Marx contro Prou-

<hr>

38 Nde. August Bebel (1840 – 1913) fu uno scrittore e politico tedesco, tra i fondatori del Partito dei Lavoratori Socialisti Tedeschi, rinominato SPD nel 1890. Nel 1893, in occasione del Congresso della social-democrazia tedesca, prese un'importante posizione contro l'antisemitismo, pubblicando il rapporto La socialdemocrazia e l'antisemitismo.

dhon e, successivamente, il *Manifesto del Partito comunista* dicano chiaramente che, con l'instaurazione del regime socialista, lo Stato scompare da sé. Parlare dello stato, che va inteso unicamente come un'istituzione temporanea di cui ci si deve servire nella lotta, durante la rivoluzione, per tenere sottomessi con la forza i nemici, come di uno "Stato popolare libero" è un'assurdità. Fintanto che il proletariato ha ancora bisogno dello Stato, ne ha bisogno non nell'interesse della libertà, ma in quello dell'assoggettamento dei suoi nemici e, quando diviene possibile parlare di libertà, allora lo Stato in quanto tale cessa di esistere. Ragione per cui è preferibile mettere ovunque, invece della parola Stato, il termine *Gemeinwesen*, una parola tedesca che corrisponde in francese a *Commune*"[39].

È doveroso rammentare che questa lettera si riferisce al programma del partito, criticato in una lettera di Marx redatta solo poche settimane prima, (la lettera di Marx è datata maggio 1875), e che Engels, dicendo nell'ultima frase "noi", propone, a nome suo e di Marx, al leader del Partito Operaio Tedesco di sopprimere nel programma la parola "Stato" e sostituirla con il termine "Comune". Come griderebbero all'anarchia i capi del moderno marxismo adatto alla comunità degli opportunisti, se si proponesse loro un simile emendamento del programma! Gridino pure! La borghesia li santificherà! Noi, per quanto ci riguarda, seguiteremo nella nostra opera. Nel rivedere il programma del nostro partito, dovremmo assolutamente tenere conto del consiglio di Engels e di Marx, per accostarci alla verità, ristabilire il marxismo, spurgandolo di tutte le deformazioni, per meglio guidare la classe operaia nella lotta per la liberazione. È certo che la raccomandazione di Engels e di Marx non troverà oppositori tra i bolscevichi. Non ci sarà, crediamo, che una sola difficoltà: la scelta del termine. In tedesco ci sono due parole che significano "*Comune*"; Engels adottò quella che non indica una singola Comune, ma un insieme, un sistema di Comuni. In russo non si trova una parola simile e si ritiene necessario ricorrere

---

39 Nde. K. Marx-F. Engels, Il partito e l'internazionale.

al termine francese *"Commune"*, nonostante presenti anch'esso degli inconvenienti. "La Comune non era più uno Stato nel vero senso del termine", ecco l'affermazione di Engels, esplicativa dal punto di vista teorico. Dopo l'esposizione precedente, questa affermazione è perfettamente comprensibile. La Comune *cessava* di essere Stato nella misura in cui essa non doveva più opprimere la maggioranza della popolazione, ma una minoranza (gli sfruttatori); essa aveva rotto la macchina dello Stato borghese; invece, di una forza particolare di oppressione, era la popolazione stessa che entrava in campo. Tutto questo non corrisponde più allo Stato nel vero senso della parola. Se la Comune si fosse consolidata, le tracce dello Stato si sarebbero "cancellate" da sole, la Comune non avrebbe necessitato di "abolirne" le istituzioni: queste avrebbero smesso di funzionare mano a mano che non avessero più avuto niente da fare.

"Gli anarchici ci rinfacciano lo 'Stato popolare'…".

Così dicendo, Engels allude soprattutto a Bakunin e ai suoi attacchi contro i socialdemocratici tedeschi. Engels riconosce che questi attacchi *sono in qualche modo giustificati* poiché lo "Stato popolare" è una deformazione del socialismo, come lo è lo "Stato popolare libero". Engels si sforza di correggere la lotta dei socialdemocratici tedeschi contro gli anarchici, di farne una lotta giusta nei principi, di sbarazzarla dai pregiudizi opportunisti dello "Stato". Ahimè! La lettera di Engels è rimasta per ben trentasei anni in un cassetto. Scopriremo più avanti che, anche dopo la sua pubblicazione Kautsky si ostina a ripetere gli stessi, identici errori contro i quali Engels aveva messo sull'avviso. Bebel rispose a Engels il 21 settembre 1875 con una lettera in cui, tra l'altro, dichiarava di essere "assolutamente concorde" con il giudizio da lui esposto sul progetto del programma e di aver rimproverato a Liebknecht[40] di essere stato troppo conciliante. Ma, se prendiamo l'opuscolo di Bebel titolato *I nostri scopi*, vi troveremo delle

---

40 Nde. Wilhelm Liebknecht (1826 – 1900) è stato un politico e giornalista tedesco, tra i fondatori della socialdemocrazia tedesca e della Seconda Internazionale.

considerazioni sullo Stato radicalmente errate.

"Lo Stato fondato sul dominio di una classe deve essere trasformato in uno Stato popolare".

Questo è pubblicato nella nona (*nona!*) edizione dello scritto di Bebel! Non c'è da stupirsi che la socialdemocrazia tedesca si sia imbevuta di concezioni opportunistiche dello Stato così tenacemente ripetute; tanto più quando i commenti rivoluzionari di Engels giacevano in un cassetto e le circostanze della vita facevano "dimenticare e disimparare" per lungo tempo la rivoluzione.

CRITICA DEL PROGETTO DEL PROGRAMMA DI ERFURT[41]

Non si può, in un'analisi della dottrina marxista sullo Stato, trascurare la critica del progetto del programma di Erfurt inviata da Engels il 29 giugno 1891 e pubblicata solo dieci anni dopo nella *Neue Zeit*, perché essa è soprattutto dedicata alla critica delle concezioni *opportuniste* della socialdemocrazia sui problemi dell'organizzazione dello Stato. Facciamo notare che Engels, sulle questioni economiche, fornisce anche un'indicazione particolarmente preziosa, che testimonia con quale attenzione e quale profondità di pensiero egli seguisse le trasformazioni del capitalismo moderno e come sapesse quindi, in una certa misura, presentire i problemi della nostra epoca imperialista. Ecco questa indicazione: a proposito del termine *Planlosigkeit* (mancanza di un piano), adoperata nel progetto del programma per caratterizzare il capitalismo, Engels scrive sul *Neue Zeit*:

"Se poi dalle società per azioni passiamo ai trust che dominano e monopolizzano intere branche dell'industria, non soltanto non esiste più

---

41 Nde. Si tratta di un documento elaborato dal Partito Socialdemocratico Tedesco al Congresso di Erfurt (1891), che andava a sostituire il precedente programma di Gotha.

produzione privata, ma non possiamo più neppure parlare di mancanza di un piano".

Nella valutazione storica del capitalismo moderno, vale a dire dell'imperialismo, è colto qui l'essenziale, ovvero la trasformazione del capitalismo in capitalismo monopolistico. È da sottolineare capitalismo, perché uno degli errori più frequenti è l'affermazione riformista borghese, secondo cui il capitalismo monopolistico o lo Stato monopolistico non è già più capitalismo e può essere definito "socialismo di Stato". Naturalmente i trust non hanno mai dato finora e non possono dare la regolamentazione di tutta l'economia secondo un piano. Per quanto essi apportino un piano, per quanto i magnati del capitale calcolino in anticipo il volume della produzione su scala nazionale e internazionale, per quanto essi regolino questa produzione in base a un piano, restiamo in ogni caso in un regime capitalista sviluppatosi in una successiva fase. La vicinanza di questo capitalismo al socialismo deve essere, per i veri rappresentanti del proletariato, un argomento in favore della vicinanza, della facilità, della possibilità, dell'urgenza della rivoluzione socialista e non già un argomento per mostrarsi tolleranti verso la negazione di questa rivoluzione e verso l'abbellimento del capitalismo, nella qual cosa sono impegnati tutti i riformisti. Ma torniamo al problema dello Stato. Engels ci fornisce qui indicazioni particolarmente preziose su tre questioni: primo, sul problema della repubblica; secondo, sul vincolo esistente tra la questione nazionale e l'organizzazione dello Stato; terzo, sull'amministrazione autonoma locale. Engels fa della questione della repubblica il punto cruciale della sua critica al programma di Erfurt. Se rammentiamo quale importanza il programma di Erfurt aveva assunto per tutta la socialdemocrazia internazionale, come era valso a modello a tutta la Seconda Internazionale, si potrà dire, senza temere di esagerare, che Engels critica qui l'opportunismo di tutta la Seconda Internazionale. Egli scrive:

"Le rivendicazioni politiche del progetto hanno un grande difetto, in esse è assente proprio ciò che doveva essere detto".

E più avanti dimostra che la Costituzione tedesca è, in sostanza, una copia di quella ultrareazionaria del 1850[42]; che il Reichstag altro non è, come sosteneva Wilhelm Liebknecht, che *la foglia di fico dell'assolutismo* che voleva realizzare – sulla base di una Costituzione che legittima l'esistenza di piccoli Stati tedeschi e di una confederazione tra gli stessi – la "trasformazione dei mezzi di lavoro in proprietà comune" è "palesemente priva di ogni logica". "È pericoloso toccare questo tasto", continua Engels, il quale sa benissimo che non si può in Germania enunciare pubblicamente, in un programma, la rivendicazione della repubblica. Tuttavia, Engels non si accontenta di questa evidente considerazione alla portata di tutti.

Così, prosegue:

"L'argomento va in un modo o nell'altro affrontato. Quanto questo sia necessario è testimoniato giusto adesso dall'opportunismo che è penetrato ampiamente nella stampa socialdemocratica. Per timore di una ripresa delle leggi antisocialiste, a causa del ricordo delle molteplici dichiarazioni prematuramente diffuse quando quelle leggi erano vigenti, all'improvviso l'attuale situazione legale in Germania dovrebbe essere sufficiente al partito per attuare per via pacifica tutte le sue rivendicazioni...".

I socialdemocratici hanno agito per timore di un inasprimento delle leggi eccezionali: è questo il fatto essenziale che Engels pone in risalto e definisce, senza mezzi termini, opportunismo, dichiarando che, poiché in Germania non vi è repubblica, né libertà, ipotizzare una via pacifica è cosa insensata. Engels mantiene una certa prudenza per non legarsi le mani. Egli riconosce che, nei paesi retti da una repubblica o che godono di una certa libertà, "si può concepire" (solo concepire) un'evoluzione pacifi-

---

42 Nde. A seguito delle rivoluzioni del 1848, nel 1850 il re prussiano Federico Guglielmo IV emanò la sua costituzione. Tale documento sponsorizzava una Confederazione degli stati tedeschi del nord e concentrava il potere reale nelle mani del Kaiser e delle classi alte.

ca verso il socialismo e, tuttavia, egli ripete:

"... in Germania, dove il governo è quasi onnipotente il Reichstag e gli altri organismi sono privi di reale potere e, per i più, proclamarlo per necessità, significa togliere all'assolutismo la foglia di fico e servirsene per coprire le proprie sconvenienti nudità...".

A fungere da copertura all'assolutismo furono infatti, in prevalenza, i leader della socialdemocrazia tedesca, che aveva dimenticato gli avvertimenti di Engels.

"... Una simile politica, alla lunga non può indurre in errore il partito. Si pongono prevalenti questioni politiche astratte, generali, evitando così le questioni concrete più urgenti; quelle questioni le quali, al primo grande accadimento, alla prima crisi politica, divengono prioritarie. Cosa altro può venirne, se non il fatto che, al momento decisivo, il partito si trovi improvvisamente perplesso, che sulle questioni determinanti prevalgano la confusione e la discordia perché questi punti non sono stati ancora discussi? [...]. [...] Questo dimenticare i grandi principi fondamentali di fronte agli interessi del momento, questo lottare e tenere al successo momentaneo senza preoccuparsi delle conseguenze, questo sacrificare il futuro del movimento per il presente può essere considerato onorevole, ma è e rimane opportunismo e l'opportunismo onorevole è forse il peggiore di tutti [...] [...] Se vi è qualcosa di comprovato è proprio il fatto che il nostro partito e la classe operaia possono giungere al potere solamente sotto la forma della repubblica democratica. Anzi, questa è la firma specifica per la dittatura del proletariato come già ha dimostrato la Grande Rivoluzione Francese...".

Engels ripete qui, ponendola in particolare risalto, l'idea basilare che attraversa, come un filo ininterrotto, tutte le opere di Marx: la repubblica democratica è la via più breve da percorrere per giungere alla dittatura del proletariato. Questa repubblica, infatti, sebbene non valga a vincere il dominio del capitale e quindi l'oppressione delle masse e la lotta di classe, conduce inevitabilmente questa lotta a un'estensione, a uno sviluppo, a uno slancio e a un'ampiezza tale che, una volta comparsa la possibilità di soddisfare i bisogni primari delle masse oppresse, si realizza necessariamente e solo con la dittatura del proletariato, con la guida di queste masse da parte della classe proletaria. Per tutta la Seconda Internazionale pure queste sono state parole del marxismo dimenticate e questa dimenticanza si è manifestata con particolare evidenza nella storia del partito menscevico nel corso dei primi sei mesi della rivoluzione russa del 1917. Sul problema della repubblica federativa in relazione con la composizione nazionale della popolazione, Engels scriveva:

"Cosa dovrebbe subentrare al loro posto?" – intendendo al posto della monarchia reazionaria dell'attuale Germania e della sua non meno reazionaria suddivisione in piccoli Stati che preserva le caratteristiche del prussianesimo, anziché dissolverle in una Germania come un tutto unico – "A mio modo di intendere, il proletariato può utilizzare soltanto la forma della repubblica unica e indivisibile. La replica federale ancora oggi, in generale, è una necessità data dall'abnorme espansione territoriale degli Stati Uniti, sebbene i loro territori orientali costituiscano un impedimento. Sarebbe un progresso in Inghilterra, dove sulle due isole si contano quattro nazioni e dove nonostante vi sia un governo unico sussistono tutt'oggi, uno accanto all'altro, tre tipi di sistemi legislativi. Già da tempo essa è divenuta un ostacolo nella piccola Svizzera, sopportabile soltanto perché quel paese si accontenta di essere un membro puramente passivo del sistema degli Stati europei. Per la Germania, una scimmiottatura del federalismo svizzero sarebbe un deciso passo indietro. Due cose dividono lo stato federale dallo Stato unitario: ogni Cantone ha la propria legislazione civile, penale e giudiziaria e, accanto al Parlamento del popolo, esiste un Parlamento degli Stati nel quale ogni Cantone, grande o piccolo che sia, vota come tale".

In Germania, lo Stato federale rappresenta una forma di transizione verso uno Stato unitario; non si deve far retrocedere la "rivoluzione dall'alto" compiuta nel 1866 e nel 1870, ma si deve completarla con un "movimento dal basso".

Ben lontano dal disinteressarsi dalle forme dello Stato, Engels si sforza al contrario di analizzare con la massima attenzione proprio le forme transitorie, per determinare, in ogni caso specifico, in base alle particolarità storiche concrete, quale passaggio, *cosa sia, cosa rappresenti, dove conduca* la forma transitoria esaminata. Come Marx, Engels difende, dal punto di vista del proletariato e della rivoluzione proletaria, il centralismo democratico, la repubblica una e indivisibile. Egli considera la repubblica federale o come eccezione alla regola e un ostacolo allo sviluppo, o come una fase di transizione tra la monarchia e la repubblica centralizzata, come un "passo avanti" in certe condizioni particolari. Tanto in Engels quanto in Marx, sebbene essi abbiano criticato implacabilmente il carattere reazionario degli staterelli in quanto tali e l'utilizzo, in casi concreti, della questione nazionale per celare questo carattere reazionario, in nessuno dei loro testi si troverà l'ombra della tendenza a eludere la questione nazionale, pur partendo dall'inclinazione di cui sovente parlano i marxisti olandesi e polacchi, dalla lotta legittima contro il nazionalismo angustamente piccolo-borghese dei "loro" minuscoli Stati. Persino in Inghilterra, dove le condizioni geografiche, la lingua comune e una secolare storia parrebbero "aver posto fine" alla questione nazionale per singole piccole comunità territoriali – financo qui Engels tiene conto del fatto evidente che la questione nazionale non è ancora superata, riconoscendo così che la repubblica federale costituirebbe un "progresso". Tuttavia, non vi è qui neppure l'ombra della rinuncia a criticare i difetti della repubblica federale e a condurre la propaganda e la lotta cruenta in favore della repubblica unitaria, democratica, centralizzata. Ma Engels non concepisce affatto il centralismo democratico nel senso burocratico dato a questa nozione dagli ideologhi della piccola e grande borghesia, compresi gli anarchici. Per Engels il centralismo non esclude affatto un'ampia autonomia amministrativa locale, la quale, mantenendo le "comuni" e le regioni e con esse l'unità dello Stato, elimina la burocrazia e, in tal modo, ogni imposizione che viene dall'alto. Scrive Engels, sviluppando le idee programmatiche del marxismo per quanto riguarda lo Stato:

"... Dunque, repubblica unitaria, ma non nel senso di quella francese odierna, che altro non è se non l'impero senza imperatore fondato nel 1798. Dal 1792 al 1798 ogni dipartimento francese, ogni Comune, godettero di una amministrazione completamente autonoma, secondo il modello americano e anche noi dobbiamo averla. L'America e la prima repubblica francese mostrarono a tutti in che modo si dovesse istituire l'amministrazione autonoma e come si potesse rinunciare alla burocrazia. Di questo sono testimoni anche l'Australia, il Canada e le altre colonie inglesi. Questa amministrazione autonoma provinciale e comunale è assai più libera che non, ad esempio, il federalismo svizzero, dove il Cantone è ben più indipendente rispetto alla Confederazione, ma lo è pure rispetto al distretto e al comune. I governi cantonali eleggono governatori distrettuali e prefetti, mentre così non accade nei paesi di lingua inglese; e anche noi in futuro vorremo garbatamente fare a meno di essi come dei consiglieri di prefettura prussiani".

Engels propone quindi di formulare nel modo seguente l'articolo del programma relativo all'autonomia amministrativa:

"Amministrazione completamente autonoma nella provincia – governatorato o regione – nei distretti e nei comuni da parte di funzionari eletti a suffragio universale'. Abolizione di ogni autorità locale e provinciale nominata dallo Stato".

Nella Pravda[43] del 28 maggio 1917, proibita dal governo di Kerenski e dagli altri ministri "socialisti", ho già avuto modo di mostrare che, su questo punto – il quale evidentemente è tutt'altro che il solo – i nostri rappresentanti pseudo-socialisti rivoluzionari si allontanano in modo deciso dai principi democratici. Si comprende come questa gente, legata dalla sua "coalizione" con la borghesia imperialista, sia rimasta sorda a questa considerazione. È estremamente importante rilevare che Engels, prove alla mano, smentisce con il più azzeccato degli esempi il pregiudizio particolarmente diffuso specie nella democrazia piccola-borghese – secondo il quale una repubblica federale significa necessariamente maggiore libertà di quanto non si abbia in

---

43 Nde. La Pravda fu l'organo ufficiale del Partito Comunista dell'Unione Sovietica.

una repubblica centralizzata. È falso. I fatti citati da Engels relativi alla repubblica francese centralizzata del 1792-1798 e alla repubblica federale svizzera confermano questa affermazione. In verità la repubblica centralizzata, realmente democratica, concesse *maggiore* libertà che non la repubblica federale. La nostra propaganda e la nostra agitazione di partito hanno dedicato – e dedicano tutt'oggi – un'insufficiente attenzione a questo fatto, come, in generale, a tutto il problema della repubblica federale e centralizzata e dell'autonomia amministrativa locale.

LA PREFAZIONE DEL 1891 ALLA "GUERRA CIVILE DI MARX"

Nella prefazione alla terza edizione della Guerra civile in Francia, datata 18 marzo 1891 e pubblicata per la prima volta nella rivista *Neue Zeit*, accanto ad alcune interessanti valutazioni sui problemi connessi all'atteggiamento da tenere nei confronti dello Stato, Engels fornisce un riassunto particolarmente incisivo degli insegnamenti della Comune. Questo riassunto – arricchito dell'esperienza di due decenni che separano l'autore dalla Comune e prevalentemente rivolto contro la "fede superstiziosa dello Stato" tanto diffusa in Germania – può a ragione essere considerata come *l'ultima parola* del marxismo sulla questione in esame.

Osserva Engels:

"In Francia, dopo ogni rivoluzione, gli operai erano armati; per cui, per i borghesi che occupavano ancora posizioni di potere nello Stato, il disarmo degli operai era la prima cosa a cui porre mano. Ecco quindi sorgere, dopo ogni rivoluzione vinta dagli operai, una nuova lotta, che finisce inevitabilmente con la disfatta della classe operaia".

Questo bilancio dell'esperienza delle rivoluzioni borghesi è tanto succinto quanto eloquente. Il fondo del problema – come, tra l'altro nella questione dello Stato (*la classe oppressa dispone di armi?*) – è individuato in modo ammirevole. Ed è giustappunto questo fondo che tanto i professori influenzati dall'ideologia borghese quanto i democratici della piccola borghesia eludono tanto spesso. Nella rivoluzione del 1917 fu al "menscevico" Tsereteli – marxista pure lui – a cui toccò l'onore (l'onore di un Cavaignac[44]) di svelare inavvertitamente questo segreto delle rivoluzioni borghesi. Nel suo "storico" discorso dell'11 giugno, Tsereteli ebbe l'impudenza di annunziare che la borghesia era decisa a disarmare gli operai di Pietrogrado, decisione che egli, naturalmente, presentì anche come propria e, in generale, come una necessità di Stato! Lo storico discorso di Tsereteli sarà certamente, per tutti gli storici della rivoluzione del 1917, una delle migliori illustrazioni del passaggio in blocco dei social-rivoluzionari e dei menscevichi, guidati da Tsereteli, dalla parte della borghesia, e del loro schierarsi contro il proletariato rivoluzionario. Un'ulteriore riflessione incidentale di Engels, anch'essa inerente al problema dello Stato, concerne la religione. È noto che la socialdemocrazia tedesca, mano a mano che si incancreniva e diventava sempre più opportunista, scivolava con sempre maggiore frequenza verso una interpretazione errata e filistea della seguente formula: "La religione è un affare privato".

Questa formula infatti era interpretata come se, *anche per il partito* del proletariato rivoluzionario, la questione religiosa fosse un affare privato! Contro questo completo tradimento del programma rivoluzionario del proletariato, si levò Engels il quale, non potendo ancora, nel 1891, osservare nel suo partito se non dei *tenui* germi di opportunismo, si esprimeva quindi con grande cautela:

"Come nella Comune si contavano prevalentemente operai o rappresentanti riconosciuti dagli operai, così pure le sue deliberazioni avevano una decisa impronta proletaria. O decretavano riforme che la borghesia repubblicana aveva trascurato soltanto per viltà, ma che rappresentavano una base necessaria per la libertà d'azione della classe operaia, come l'at-

---

44 4 Nde. Louis Eugène Cavaignac (1802 – 1857) fu un generale francese, nominato Primo Ministro a seguito della sua sanguinosa repressione della rivolta operaia del giugno 1848.

tuazione del principio che, di fronte allo Stato, la religione altro non è che un semplice affare privato, oppure emettevano deliberazioni nell'interesse diretto della classe operaia, che talvolta incidevano anche profondamente sull'antico ordinamento statale...".

È con intenzione che Engels ha sottolineato le parole "di fronte allo Stato"; così facendo egli attaccava l'opportunismo tedesco, che dichiarava la religione una questione privata *al cospetto del partito*, abbassando in tal modo il partito del proletariato rivoluzionario al livello del più volgare piccolo-borghese "libero-pensatore", disposto ad ammettere che si possa restare fuori della religione, ma rinnegava il compito del partito di lottare contro la religione: l'oppio che inebetisce il popolo. Il futuro storico della socialdemocrazia tedesca, ricercando le prime fonti della sua vergognosa bancarotta nel 1914[45], troverà numerosi documenti interessanti su questa questione, a cominciare dalle dichiarazioni evasive fatte nei suoi articoli dal capo ideologico del partito, Kautsky, dichiarazioni che aprivano le porte all'opportunismo per finire con l'atteggiamento del partito verso il *Los-von-Kirche-Bewegung* (movimento per la separazione della Chiesa) nel 1913[46]. Ma vediamo come, vent'anni dopo la Comune, Engels riassumeva gli insegnamenti ch'essa aveva dato al proletariato in lotta. Ecco gli insegnamenti che Engels poneva in primo piano:

"... Proprio l'opprimente potere del precedente governo centralizzato, il potere dell'esercito, della polizia politica, della burocrazia, che Napoleone aveva istituito nel 1798 e che, da lì in avanti, ogni successivo governo aveva accettato come uno strumento utile per tenere a bada i propri avversatori,

---

45 Nde. Allo scoppio della Prima guerra mondiale, nel 1914, per fronteggiare quello che si configurava come un immenso sforzo bellico, la Germania abolì la convertibilità aurea del marco e incrementò la stampa di banconote, iniziando un processo che, alla conclusione della guerra, avrebbe portato il paese al collasso finanziario, con un'inflazione pari al 662,6% annuo.

46 Nde. Fu un movimento protestante di matrice politica e anti-cattolica, sorto in Austria alla fine del XIX secolo. Il movimento sosteneva la separazione della chiesa austriaca dalla Chiesa cattolica di Roma, e rifiutava qualsiasi intromissione e influenza da parte di quella nella vita politica ed economica dell'Impero austro-ungarico.

proprio quel potere doveva cadere dappertutto come già era caduto a Parigi. La Comune fin dall'inizio dovette riconoscere che la classe operaia, una volta raggiunto il potere non può continuare ad amministrare avvalendosi del vecchio apparato statale, che la classe operaia, per non perdere di nuovo il potere appena conquistato, da una parte deve eliminare tutto il vecchio sistema gestionale e dall'altra tutelarsi contro i propri deputati e impiegati, dichiarandoli revocabili senza alcuna eccezione e in ogni momento...".

Engels sottolinea ancora una volta che non solo in una monarchia, *ma anche nella repubblica democratica*, lo Stato rimane lo Stato; conserva cioè la sua caratteristica fondamentale: far divenire i funzionari e servitori della società padroni della stessa.

"Contro questa trasformazione, inevitabile finora in tutti gli Stati, dello Stato da servitore della società in padrone della società, la Comune applicò due mezzi infallibili. Innanzitutto, assegnò elettivamente tutti gli impieghi amministrativi, giudiziari educativi, per suffragio generale degli interessati e con il diritto costante di revoca da parte di questa. In secondo luogo, per tutti le mansioni di ogni livello, riconobbe solo il salario che ricevevano gli altri lavoratori. Il più alto onorario che essa pagava era di 6.000 franchi. In questo modo, era posto un freno sicuro alla caccia agli impieghi e al carrierismo, anche senza i mandati imperativi per i delegati ai Corpi rappresentativi, che furono aggiunti in eccesso...".

Engels affronta qui l'interessante limite, attraversato il quale, la conseguente democrazia per un verso *muta* in socialismo, per un altro *lo richiede*. Infatti, per sopprimere lo Stato, si rende necessario trasformare le funzioni del servizio statale in operazioni di controllo e di registrazione, talmente semplici da essere alla portata dell'immensa maggioranza della popolazione e, in seguito, dell'intera nazione. Ma, per eliminare completamente il carrierismo, è necessario che un impiego statale "onorifico", anche se non retribuito non possa servire da passerella per conseguire impieghi molto lucrativi negli istituti di credito e nelle società anonime, come *sistemicamente* accade in molti paesi capitalisti, anche nei più liberi. Engels non cade però nell'errore che commettono, ad esempio, certi marxisti a proposito del diritto delle nazioni all'autodecisione in regime capitalistico; essi affermano: questo diritto è irrealizzabile e in un regime socialista diviene superfluo. Questa riflessione, che vorrebbe essere spiritosa, ma è errata, potrebbe essere applicata a *qualunque* istituzione democratica, compreso il moderno stipendio riconosciuto ai funzionari, poiché un sistema democratico rigorosamente conseguente non è possibile in un regime capitalistico e in un regime socialista ogni democrazia sarà destinata *ad estinguersi*. È un sofisma del genere della vecchia barzelletta: in quale momento l'uomo che perde uno ad uno i suoi capelli può essere considerato calvo?

Sviluppare *fino in fondo* la democrazia, ricercare le *forme* di questo sviluppo, metterle alla prova *pratica* ecc., tutto questo costituisce uno dei basilari problemi della lotta per la rivoluzione sociale. Preso a sé nessun sistema democratico, qualunque esso sia, porterà al socialismo, ma nella vita il sistema democratico non sarà mai "preso a sé" sarà "preso nell'insieme" ed eserciterà la sua influenza anche sull'economia, di cui stimolerà la trasformazione, mentre esso stesso subirà l'influenza dello sviluppo economico ecc. È questa la dialettica della storia viva. Engels prosegue:

"... Questa distruzione violenta del potere dello Stato in essere e la sostituzione di questo con un nuovo potere democratico è esaurientemente descritto nel terzo capitolo della Guerra civile. Era però necessario ritornare qui brevemente su alcuni tratti di essa. Perché proprio in Germania la fede superstiziosa nello Stato si è trasportata dalla filosofia nella coscienza generale della borghesia e persino di molti operai. Secondo la concezione filosofica dello Stato, è "la realizzazione dell'idea", ossia il regno di Dio in terra tradotto in linguaggio filosofico, nel quale la verità e la giustizia eterne si realizzano o si devono realizzare. Di qui una superstiziosa venerazione dello Stato e di tutto ciò che, in relazione con lo Stato, che subentra tanto più facilmente in quanto si è assuefatti fin da bambini a immaginare che gli effetti comuni a tutta la società non possono venire curati altrimenti, se non nel modo in cui lo sono stati fino a quel momento, cioè tramite lo Stato e i suoi ben remunerati funzionari. E si crede di aver già compiuto un passo estremamente audace quando ci si è liberati dalla fede nella monarchia ereditaria e si giura nella repubblica democratica. Però in realtà lo Stato non è che una macchina per l'oppressione di una classe da parte di un'altra, nella repubblica democratica come nella monarchia; e nel migliore dei casi è un male che viene lasciato in eredità al proletariato uscito vittorioso nella lotta per il dominio di classe, i cui lati peggiori il proletariato non potrà fare a meno di amputare subito, nella misura in cui è possibile, come fece la Comune, finché una generazione cresciuta in condizioni sociali nuove, libere, non sia posta in condizione di scrollarsi dalle spalle tutto il ciarpame statale".

Engels metteva sull'avviso i tedeschi perché non dimenticassero, nell'eventualità della sostituzione della monarchia con la repubblica, i principi del socialismo sul problema dello Stato in generale. Questi suoi avvertimenti appaiono oggi come una lezione impartita direttamente ai signori Tsereteli e Cernov che hanno manifestato, nella loro pratica di "coalizione", la loro fede superstiziosa nello Stato e la loro superstiziosa venerazione verso di esso! Ancora due osservazioni: 1) Quando Engels dice che nella repubblica democratica "come" nella monarchia lo Stato rimane "uno strumento oppressivo" a uso di una classe contro l'altra, questo non significa affatto che la forma d'oppressione sia indifferente per il proletariato, come "predicano" certi anarchici. Una forma più ampia, più libera, più aperta di lotta di classe e di oppressione di classe facilita immensamente al proletariato la sua lotta per la soppressione delle classi in genere. 2) Perché soltanto una nuova generazione sarà in grado di scrollarsi dalle spalle tutto il ciarpame statale? Questo problema è connesso a quello del superamento della democrazia, del quale parleremo ora.

ENGELS SUL SUPERAMENTO DELLA DEMOCRAZIA

Engels ha avuto occasione di esprimersi su questo punto trattando della inesattezza *scientifica* della denominazione di "socialdemocratico". Nella prefazione alla raccolta dei suoi articoli degli anni 1870 su diversi temi dedicati in prevalenza ad argomenti "internazionali" *(Internationales aus dem Volkstaat)*, prefazione datata 3 gennaio 1894, vale a dire redatta un anno e mezzo prima della sua morte, Engels scrive che in tutti quei suoi scritti egli ha utilizzato il termine "comunista" e non "socialdemocratico" perché a quell'epoca si chiamavano socialdemocratici i proudhoniani in Francia e i lassalliani in Germania[47]. Prosegue Engels:

"Per Marx, come per me, era dunque assai improbabile adoperare un'espressione così elastica per definire la nostra posizione. Oggi la cosa è diversa e questa parola (socialdemocratico) può forse andare, per quanto rimanga inesatta per un partito il cui programma economico non è semplicemente socialista in generale, ma veramente comunista; per un partito il cui scopo politico finale è la soppressione di ogni Stato e quindi di ogni democrazia. Del resto, i veri partiti politici non hanno mai una denominazione, che a loro convenga perfettamente, il partito si sviluppa e la determinazione rimane".

Engels, nel declino dei suoi giorni, rimane fedele alla dialettica. Marx ed io, egli dice in pratica, avevamo per il partito un nome eccellente, scientificamente esatto, ma allora non c'era un vero partito, vale a dire un partito proletario di massa. Adesso (fine del secolo diciannovesimo) esiste un vero partito, ma la sua determinazione è scientificamente errata. Non importa, essa "può aiutare" purché il partito si sviluppi, purché l'inesattezza scientifica del suo nome non gli sfugga e non gli impedisca di crescere in una giusta direzione! Qualche burlone, alla maniera di Engels, potrebbe forse venire a consolare noi bolscevichi. Noi abbiamo un vero partito; esso si sviluppa nel migliore dei modi; dunque, il nome assurdo e barbaro di "bolscevico", che non esprime niente se non il fatto puramente accidentale che al

---

47 Nde. Ferdinand Lassalle (1825 – 1864) fu uno scrittore e politico tedesco. Attivo nella rivoluzione del 1848-49, fu dapprima un discepolo di Marx, con il quale ebbe però successivamente forti divergenze su diverse questioni.

congresso di Bruxelles-Londra del 1903[48] ottenemmo la maggioranza, può anch'esso "andare".

Forse, ora che le persecuzioni del nostro partito da parte dei repubblicani e della democrazia piccolo-borghese "filo-rivoluzionaria", nel luglio-agosto 1917 hanno reso così popolare, così onorevole il titolo di bolscevico e hanno inoltre confermato l'immenso progresso storico del nostro partito nel corso del suo sviluppo reale, io stesso esiterei forse a proporre, come in aprile, di cambiare il nome del nostro partito. Forse proporrei ai compagni un "compromesso": chiamateci "Partito comunista" conservando tra parentesi il termine "bolscevico"... Ma la questione del nome del partito è infinitamente meno rilevante di quella dell'atteggiamento del proletariato rivoluzionario verso lo Stato. Discutendo sullo Stato, si cade abitualmente nell'errore contro il quale Engels mette sull'avviso e che noi abbiamo già in precedenza segnalato di sfuggita: si dimentica cioè che la soppressione dello Stato è anche la soppressione della democrazia e che l'estinzione dello Stato è la fine della democrazia. A colpo d'occhio, questa affermazione pare del tutto strana e incomprensibile, e addirittura taluni potrebbero sostenere che noi auspichiamo l'avvento di un ordinamento speciale in cui non verrebbe osservato il principio della sottomissione della minoranza alla maggioranza: perché, in definitiva, cos'è la democrazia se non il riconoscimento di questo principio? No! La democrazia non si identifica con la sottomissione della minoranza alla maggioranza. La democrazia è uno Stato che riconosce la sottomissione della minoranza alla maggioranza cioè l'organizzazione della violenza sistematica organizzata esercitata da una classe contro un'altra, da una parte della popolazione contro l'altra. Noi ci prefiggiamo, come fine ultimo, l'eliminazione dello Stato, vale a dire di ogni violenza organizzata e sistematica, di ogni violenza esercitata contro gli uomini in generale. Noi non favoriamo la venuta di un

---

48 Nde. Nel secondo congresso del Partito Operaio Socialdemocratico Russo, svoltosi a Bruxelles e a Londra tra il luglio e l'agosto del 1903, il partito si divise in due frazioni, i bolscevichi e i menscevichi, che nel corso del tempo si dotarono di strutture organizzative differenziate fino ad operare come due partiti distinti.

ordinamento sociale in cui non venga rispettato il principio della sottomissione della minoranza alla maggioranza. Ma aspirando al socialismo noi abbiamo la convinzione che esso muterà in comunismo e che scomparirà quindi ogni necessità di ricorrere in generale alla violenza contro gli uomini, alla *sottomissione* di un uomo a un altro, di una parte della popolazione a un'altra, perché gli uomini si *abitueranno* ad osservare le condizioni elementari della convivenza sociale. Senza *violenza* e senza *sottomissione*. Per mettere in risalto questo elemento di consuetudine, Engels parla della nuova *generazione* "cresciuta in condizioni sociali nuove, libere" e che sarà "in grado di scrollarsi dalle spalle tutto il ciarpame statale", ogni forma di Stato, compresa la repubblica democratica. Per chiarire questo punto, è necessario analizzare le fondamenta economiche dell'estinzione dello Stato.

V

Le basi economiche dell'estinzione dello Stato

L'analisi più approfondita di questo problema la troviamo in Marx, nella sua *Critica del programma di Goethe* (lettera rivolta a Bracke datata 5 maggio 1891 e pubblicata sul *Neue Zeit*). La parte polemica di questa importante opera, che contiene la critica del lassallismo, ha lasciato per così dire nell'ombra la parte positiva, vale a dire l'analisi della connessione tra lo sviluppo del comunismo e l'estensione dello Stato.

L'IMPOSTAZIONE DELLA QUESTIONE DI MARX

Se si sottopongono a un superficiale confronto la lettera di Marx a Bracke del 5 maggio 1891 alla missiva del 28 marzo 1875 di Engels a Bebel, esaminata in precedenza, può sembrare che Marx sia molto più "statalista" di Engels e che la differenza tra le concezioni dei due scrittori sullo Stato sia notevole.

Engels invita Bebel a finirla con le chiacchiere sullo Stato, a bandire completamente dal programma il termine "Stato" e a sostituirlo con la parola "Comune" e dichiara persino che la Comune non era più uno Stato nel senso proprio della parola. Marx, invece, parla del "futuro Stato della società comunista" cioè pare ammettere la necessità dello Stato anche in regime comunista. Tuttavia, un'interpretazione del genere sarebbe radicalmente sbagliata. Un più profondo esame mostra che le idee di Marx e di Engels sullo Stato e sull'estinzione dello stesso concorda perfettamente e che l'espressione di Marx riportata si riferisce appunto all'organizzazione statale *in via di estinzione*. Non è possibile, evidentemente, determinare l'istante in cui giungerà questa futura "estinzione", soprattutto perché essa sarà inevitabilmente un processo di lunga durata. L'apparente differenza tra Marx ed Engels si spiega con la differenza degli argomenti trattati e degli scopi da essi perseguiti. Engels si propone di dimostrare a Bebel in modo clamoroso, incisivo, a grandi linee, tutta l'assurdità dei pregiudizi correnti (condivisi in gran parte da Lassalle) sullo Stato. Marx sfiora *soltanto* questo problema; un altro argomento lo interessa: lo sviluppo della società comunista. Tutta la teoria di Marx è l'applicazione al capitalismo contemporaneo della teoria dell'evoluzione, nella sua forma più conseguente e completa, meditata e ricca di contenuto. È chiaro quindi che Marx abbia visto il problema dell'applicazione di questa teoria all'*imminente* fallimento del capitalismo e al *futuro* sviluppo del comunismo. Su quali fondamenta ci si può dunque sostenere nel porre la questione del futuro comunismo? Sul fatto che il comunismo è *generato* dal capitalismo, si sviluppa storicamente dal capitalismo, è il risultato dell'azione di una frase sociale *prodotta* dal capitalismo. In Marx non c'è traccia del tentativo di inventare delle utopie, di fare ipotesi su quello che non si può sapere. Marx pone la questione del comunismo come un naturalista presenterebbe, per esempio, la questione dell'evoluzione di una nuova specie biologica, una volta conosciuta la sua origine e la linea precisa della sua evoluzione. Marx respinge innanzitutto la confusione in cui cade il programma di Gotha nella questione dei rapporti tra lo Stato e la società.

Egli scrive:

"... La società contemporanea è quella capitalistica esistente in tutti i paesi civili, più o meno libera di eredità medioevali, più o meno modificata dallo speciale svolgimento storico di ogni paese. Nel Reich tedescoprussiano questo è diverso da ciò che in Svizzera, come in Inghilterra è diverso da ciò che è negli Stati Uniti. Lo Stato "odierno" è dunque una finzione. Tuttavia, i diversi Stati dei diversi paesi civili, nonostante le variegate differenze di forma, hanno tutti in comune il fatto che stazionano sul terreno della moderna società borghese, la quale è più o meno evoluta dal punto di vista capitalistico. Essi hanno perciò in comune anche alcuni caratteri essenziali. In questo senso si può parlare di uno "Stato odierno" contrapposto a un futuro in cui la presente radice dello Stato, la società borghese, sarà deceduta. Si domanda quindi: quale trasformazione subirà lo Stato in una società comunista? In altri termini: quali funzioni sociali persisteranno ancora, analoghe alle odierne funzioni statali? A questa questione, si può rispondere solo scientificamente; componendo migliaia di volte la parola popolo per la parola Stato non ci si avvicina alla soluzione del problema neppure di un soffio..."[49].

Avendo così ridicolizzato tutte le chiacchiere sullo "Stato popolare", Marx mostra come si deve impostare la questione e avverte che non le si può dare in qualche modo una risposta scientifica, se non basandosi su dati scientifici solidamente stabiliti. Il primo punto, stabilito con la massima precisione da tutta la teoria dell'evoluzione e, in generale, da tutta la scienza – punto che gli utopisti dimenticavano e che dimenticano gli opportunisti odierni, i quali temono la rivolta sociale – è il seguente: è storicamente certo che fra il capitalismo e il comunismo dovrà necessariamente esserci uno stadio particolare di transizione.

IL PASSAGGIO DAL CAPITALISMO AL COMUNISMO

Prosegue Marx:

"... Tra la società capitalista e quella comunista c'è un periodo di trasformazione rivoluzionario che conduce dall'una all'altra. Ad esso corrisponde anche un periodo di transizione, in cui lo Stato "non può essere

---

49 Nde. K. Marx, Critica del programma di Gotha, 1875.

altro che la dittatura rivoluzionaria del proletariato".

Questa conclusione trova, in Marx, fondamento sull'analisi della funzione che il proletariato svolge nella società capitalista odierna, sui dati dello sviluppo di questa società e sull'inconciliabilità degli opposti interessi del proletariato e della borghesia. Prima la questione veniva posta in questo modo: per ottenere la sua emancipazione, il proletariato deve rovesciare la borghesia, conquistare il potere politico e stabilire la sua dittatura rivoluzionaria. Adesso, la questione si pone in modo un po' diverso: il passaggio dalla società capitalista che si sviluppa in direzione del comunismo, alla società comunista è impossibile senza un "periodo politico di transizione" e lo Stato in questo periodo non può essere altro che la dittatura rivoluzionaria del proletariato. Ma qual è l'atteggiamento di questa dittatura verso la democrazia? Abbiamo visto che il *Manifesto del Partito comunista* pone semplicemente uno accanto all'altro i due concetti: "trasformazione del proletariato in classe dominante" e "conquista della democrazia". Tutto ciò che precede permette di determinare nel modo più preciso le modificazioni che subirà la democrazia nella transizione dal capitalismo al comunismo. La società capitalista, considerata nelle sue condizioni di sviluppo più favorevoli, ci offre nella repubblica democratica una democrazia più o meno completa. Ma questa democrazia è sempre limitata nel ristretto quadro dello sfruttamento capitalistico e rimane sempre, in fondo, una democrazia per la minoranza, per le soli classi possidenti. La libertà, nella società capitalistica, rimane sempre più o meno quella che fu nelle repubbliche dell'antica Grecia, ovvero la libertà per i proprietari di schiavi. Gli odierni schiavi salariati, in conseguenza dello sfruttamento capitalistico, sono talmente soffocati dal bisogno e dalla miseria, che "hanno altro per la testa che la democrazia o la politica, così nel corso ordinario e politico degli accadimenti, la maggioranza della popolazione si trova tagliata fuori dalla vita politica e sociale". L'esattezza di questa affermazione è confermata, forse con maggiore evidenza, dall'esempio della Germania perché è proprio in questo paese che la legalità costituzionale si preservò per quasi mezzo secolo (1871-1914) con una costanza e una durata sorprendenti; nel corso di questo periodo la socialdemocrazia seppe, molto più che negli altri paesi, "usufruire della legalità" e organizzare in un partito politico una parte di operai molto più ingente che in qualsiasi altro paese del mondo. Qual è dunque questa parte – la più rilevante tra quelle che si osservano nella società capitalistica – degli schiavi salariati politicamente consapevoli e attivi? Un milione di membri del partito socialdemocratico su 15 milioni di operai salariati! Tre milioni di operai organizzati nei sindacati su un totale di quindici milioni di unità! Democrazia per un'intera minoranza, democrazia per i ricchi: questo è il sistema democratico della società capitalistica. Se analizziamo più approfonditamente il meccanismo della democrazia capitalistica, si vedranno sempre e ovunque – tanto nei "piccoli" (i pretesi tali) particolari della legislazione elettorale (durata della residenza, educazione delle donne ecc.), sia nel funzionamento delle istituzioni rappresentative, sia negli ostacoli di fatto al diritto di riunione (gli edifici pubblici non sono per i "poveri), sia nell'organizzazione puramente capitalistica della stampa quotidiana etc. – si vedranno restrizioni su restrizioni al sistema democratico. Queste restrizioni, eliminazioni, esclusioni, intralci per i poveri paiono minimi – soprattutto a coloro che non hanno mai conosciuto il bisogno e non hanno mai avvicinato le classi oppresse, né la vita delle masse che le costituiscono (e sono i nove decimi, se non il 99 per cento dei pubblicisti e degli uomini politici borghesi), ma, sommate, queste restrizioni escludono i poveri dalla politica e dalla partecipazione attiva alla democrazia. Marx afferrò perfettamente questa *caratteristica essenziale* della democrazia capitalistica, quando, nella sua analisi dell'esperienza della Comune, disse che agli oppressi è permesso di decidere, una volta ogni qualche anno, quale tra i rappresentanti della classe dominante dovessero rappresentarli in Parlamento.

Ma l'evoluzione di questa democrazia capitalistica – inevitabilmente ristretta, che respinge in modo dissimulato i poveri e quindi profondamente ipocrita e menzognera – "a una democrazia sempre più perfetta" non avviene così semplicemente, direttamente e senza scosse come immaginano i professori liberali e gli opportunisti piccolo-borghesi. No, lo sviluppo progressivo, cioè l'evoluzione verso il comunismo, avviene passando per la dittatura del proletariato e non può avvenire altrimenti, poiché non c'è alcuna altra classe e nessun altro mezzo che possa spezzare la resistenza dei capitalisti sfruttatori. Ora, la dittatura del proletariato, vale a dire l'organizzazione dell'avanguardia degli oppressi in classe dominante per reprimere gli oppressori, non può limitarsi a un puro e semplice ampliamento della democrazia. *Insieme* a un grandissimo allargamento della democrazia, divenuta *per la prima volta* una democrazia per derelitti, per il popolo, e non una democrazia per facoltosi, la dittatura del proletariato apporta una serie di restrizioni alla libertà degli oppressori, degli sfruttatori, dei capitalisti. Costoro noi li dobbiamo reprimere per liberare l'umanità dalla schiavitù salariale: si deve spezzare con la forza la loro resistenza ed è chiaro che dove c'è repressione, dove c'è violenza non c'è democrazia. Engels lo ha espresso in maniera mirabile nella sua lettera a Bebel, scrivendo come il lettore rammenta che "fin quando il proletariato ha ancora necessità dello Stato, non nell'interesse della libertà, ma nell'interesse dell'assoggettamento dei suoi avversari, e quando diventa possibile parlare di libertà, allora lo Stato in quanto tale cessa di esistere". Democrazia per la maggioranza del popolo e repressione con la forza, vale a dire conclusione dalla democrazia, per gli sfruttatori, gli oppressori del popolo. Tale è la trasformazione che subisce la democrazia nella *transizione* dal capitalismo al comunismo. Soltanto nella società comunista, quando la resistenza dei capitalisti è definitivamente spezzata, quando i capitalisti sono scomparsi e non esistono più classi (vale a dire non c'è più distinzione tra i membri della società secondo i loro rapporti con i mezzi sociali di produzione), soltanto allora *lo stato cessa di esistere e diviene possibile parlare di libertà*". Soltanto allora diviene possibile una democrazia realmente completa senza alcuna eccezione. Soltanto allora la democrazia inizia a *estinguersi* per la semplice ragione che, liberati dalla schiavitù capitalistica, dai molteplici orrori, barbarie, ignominie dello sfruttamento capitalistico, gli uomini *si abituano* poco a poco a osservare le regole elementari della convivenza sociale, da tutti conosciute da secoli, ripetute da millenni in tutti i comandamenti, e ad osservarle senza violenza, senza costrizione, senza sottomissione, senza quello *speciale apparato* di costrizione che si chiama Stato. L'espressione "lo Stato si *estingue*" è molto felice, poiché esprime nel contempo la progressività del processo e la sua naturalezza. Solamente l'abitudine può produrre un simile effetto perché osserviamo attorno a noi milioni di volte con quale facilità gli uomini si abituano a osservare le regole per lo più indispensabili della convivenza sociale, quando non c'è sfruttamento, quando niente provoca l'indignazione, la protesta, la rivolta e rende necessaria la *repressione*. La società capitalistica non ci offre dunque che una democrazia tronca, miserabile, falsificata, una democrazia per i soli benestanti, per la minoranza. La dittatura del proletariato, fase di transizione verso il comunismo, istituirà per la prima volta una democrazia per il popolo, per la maggioranza accanto alla regressione necessaria della minoranza, degli sfruttatori. Solo il comunismo è in grado di dare una democrazia realmente completa; e quanto più sarà completa, tanto più rapidamente diventerà superflua e si estinguerà da sé.

In altri termini: noi abbiamo, nel regime capitalistico, lo Stato nel vero senso della parola, una macchina speciale per la repressione di una classe da parte della minoranza. Si comprende come, per realizzare un simile compito, siano necessarie una crudeltà e una ferocia di repressione estreme: torrenti di sangue attraverso cui l'umanità prosegue il suo cammino, sotto il regime della schiavitù, della servitù della gleba e del lavoro salariato.

Nella fase di transizione dal capitalismo al comunismo, la repressione è *ancora* necessaria, ma è già esercitata da una maggioranza di sfruttati contro una minoranza di sfruttatori. Lo speciale apparato, la macchina speciale di repressione, lo "Stato" è *ancora* necessario, ma è già uno Stato transitorio, non più lo Stato propriamente detto, perché la repressione di una minoranza di sfruttatori da parte della maggioranza degli schiavi salariati *di ieri* è cosa relativamente facile, semplice e naturale, che richiederà molto meno sangue di quello che è costata la repressione delle rivolte di schiavi, servi e operai salariati. Ed essa è compatibile con una democrazia che abbraccia una maggioranza della popolazione talmente grande, che inizia a declinare la necessità di una *macchina speciale* di repressione. Gli sfruttatori naturalmente non sono in grado di reprimere il popolo senza una macchina estremamente complicata destinata a questo compito. Il *popolo*, invece, può reprimere gli sfruttatori anche con una "macchina" molto semplice, quasi senza "macchina", senza apparato speciale, mediante la semplice *organizzazione delle masse in armi*. Solo il comunismo rende lo Stato inutile, perché non c'è da reprimere alcuno nel senso di classe, nel senso di lotta sistematica contro una determinata parte della popolazione. Noi, essendo utopisti, non escludiamo affatto che siano possibili e inevitabili eccessi individuali, come non escludiamo la necessità di reprimere gli eccessi. Ma anzitutto per questo non c'è bisogno di una macchina particolare, di uno speciale apparato di repressione; lo stesso popolo armato si incaricherà di questo compito con la stessa facilità con cui una qualsiasi folla di persone civili, anche nella società contemporanea, separa delle persone durante una rissa o non permette che venga usata violenza sulle donne. Sappiamo inoltre che la principale causa sociale degli eccessi che costituiscono infrazioni alle regole della convivenza sociale è lo sfruttamento delle masse: la loro povertà. Eliminata questa causa predominante, gli eccessi inizieranno a "estinguersi". Non sappiamo con quale ritmo e quale progressione, ma sappiamo che si estingueranno. E con essi *verrà meno* anche lo Stato.

Marx, senza abbandonarsi all'utopia, definì più in particolare ciò che adesso è possibile definire di questo avvenire e precisamente ciò che distingue la fase inferiore dalla fase superiore della società comunista.

LA PRIMA FASE DELLA SOCIETÀ COMUNISTA

Nella *Critica del programma di Gotha* Marx confuta l'idea di Lassalle che l'operaio, in un regime socialista, debba ricevere un reddito "non ridotto", ovvero il "reddito naturale del suo lavoro". Marx dimostra che dal prodotto sociale complessivo di tutta la società bisogna detrarre un fondo di riserva per l'ampliamento della produzione, un fondo destinato a rinnovare i macchinari in uso etc. Inoltre, bisogna detrarre dagli oggetti di consumo un fondo per le spese di amministrazione, per le scuole, per gli ospedali, per i ricoveri per gli anziani ecc. Invece delle oscure e generiche formule di Lassalle ("all'operaio si deve riconoscere il frutto integrale del suo lavoro"), Marx stabilisce lucidamente come deve essere la gestione di una società socialista. Egli affronta l'analisi concreta delle condizioni di vita di una società in cui non esisterà il capitalismo e aggiunge:

"Quella con cui abbiamo qui a che fare" (in riferimento all'analisi del programma del partito operaio) "è una società comunista, non come si è sviluppata sulla sua propria base, ma al contrario, come emerge dalla società capitalista; che porta quindi ancora sotto ogni rapporto economico, morale, spirituale, le macchie della vecchia società dal cui seno è uscita".

Questa società comunista appena uscita dal seno del capitalismo porta ancora, sotto ogni rapporto, le impronte della vecchia società che Marx definisce "la prima fase" o fase primordiale della società comunista. I mezzi di produzione non sono già più proprietà privata individuale. Essi appartengono a tutta la società. Ogni membro della società, eseguendo una certa parte del lavoro socialmente necessario, riceve dalla società uno scontrino, da cui risulta che egli ha prestato tanto lavoro. Con questo scontrino, egli ritira ai magazzini pubblici di oggetti di consumo una corrispondente quantità di prodotto. Detratta la quantità di lavoro versata ai fondi sociali, ogni operaio riceve quindi dalla società tutto quanto le ha dato. Si direbbe il regno dell'uguaglianza. Ma quando, a proposito di quest'ordinamento sociale usualmente definito socialismo – e che Marx chiama prima fase del comunismo – Lassalle dice che c'è in esso "giusta ripartizione, uguale diritto di ciascuno all'uguale prodotto del lavoro" egli è in errore e Marx ne spiega le ragioni. Dice, infatti, Marx:

"Un uguale diritto qui effettivamente lo abbiamo, ma è ancora il diritto borghese, il quale, come ogni diritto, presuppone diseguaglianza. Ogni diritto consiste nell'applicazione di un'unica norma a persone diverse, a persone che, in realtà, non sono identiche, né uguali. "L'uguale diritto" equivale quindi a una violazione dell'uguaglianza e della giustizia. Infatti, per una parte uguale di lavoro sociale fornito, ognuno riceve un'uguale parte della produzione sociale (con le detrazioni indicate precedentemente). Gli individui però non sono uguali: uno è più forte dell'altro, uno più debole, uno è sposato, l'altro celibe, uno ha prole, l'altro no... ecc".

Conclude Marx:

"Supposto uguali il rendimento, e quindi la partecipazione al fondo di consumo sociale, l'uno riceve dunque più dell'altro, l'uno è più ricco dell'altro e così via. Per ovviare a tutti questi inconvenienti, il diritto, invece di essere uguale, dovrebbe non esserlo...".

La prima fase del comunismo non può dunque ancora realizzare la giustizia e l'uguaglianza. Rimarranno differenze di ricchezze e ingiustizie, ma non sarà più possibile lo *sfruttamento* dell'uomo da parte dell'uomo, poiché non sarà più possibile appropriarsi a titolo di proprietà privata dei *mezzi di produzione*, industrie, macchinari, terreni, ecc. Demolendo la confusa formula piccolo borghese di Lassalle sull'uguaglianza e la "giustizia" *in generale*, Marx *indica il corso dello sviluppo* della società comunista, costretta da principio a distruggere solo l'ingiustizia: la spartizione dei beni di consumo "secondo il lavoro" (non secondo i bisogni). Gli economisti di poco conto – e tra questi i professori della borghesia compreso il nostro Tugan[50] –, rimproverano

---

50 Nde. Mikhail Tugan-Baranovsky (1865 – 1919) fu un economista e politico ucraino, esponente del marxismo legale, il quale ammetteva un "marxismo" completamente epurato

continuamente ai socialisti di dimenticare la disuguaglianza degli individui e di "sognare" la soppressione di questa disuguaglianza. Questi rimproveri, come si vede, dimostrano soltanto l'estrema ignoranza dei signori ideologi borghesi. Non solo Marx tiene conto con estrema precisione di questa inevitabile disuguaglianza delle persone, ma non trascura neppure il fatto che, da sola, la socializzazione dei mezzi di produzione ("socialismo" nel senso usuale della parola) *non elimina* gli inconvenienti della distribuzione e la disuguaglianza del "diritto borghese", che *continua* a dominare fino a quando i prodotti sono divisi secondo il lavoro".

Continua Marx:

"... Ma questi inconvenienti sono inevitabili nella prima fase della società comunista, quale è uscita, dopo i lunghi travagli del parto, dalla società capitalistica. Il diritto non può essere mai più elevato della configurazione economica e dello sviluppo culturale, da essa condizionato, della società...".

Così, nella prima fase della società comunista (generalmente chiamata socialismo) il diritto "borghese" *non* è radicalmente superato, se non in parte, nella misura in cui la rivoluzione economica è compiuta, ossia per quanto concerne i mezzi di produzione. Il "diritto borghese" riconosce la proprietà privata su questi ultimi individui singoli. Il socialismo ne fa una proprietà comune. In questa misura – e soltanto in questa – il diritto borghese è abrogato. Ma esso sussiste nell'altra sua parte, sussiste quale regolatore (fattore determinante) della distribuzione dei prodotti e dei lavori tra i membri della società. "Chi non lavora non mangia", questo principio socialista è *già* realizzato; "a uguale quantità di lavoro, uguale quantità di prodotti": quest'ultimo principio socialista è anch'esso *già* realizzato. Tuttavia, questo non è ancora "comunismo", ancora non abolisce il diritto borghese che attribuisce a persone disuguali e per una quantità di lavoro disuguale una quantità uguale di prodotti. È un inconveniente, sostiene Marx, ma esso è inevitabile nella prima fase del comuni-

---

da qualsiasi rivoluzionarismo e adattato alle esigenze della borghesia liberale.

smo, in quanto non si può pensare senza cadere nell'utopia che, appena vinto il capitalismo, gli uomini imparino dall'oggi al domani a impiegarsi per la società *senza alcuna norma giuridica*; d'altra parte, l'abolizione del capitalismo non dà subito le premesse economiche per un *tale* cambiamento. E non vi sono altre norme all'infuori di quelle del "diritto borghese". Rimane perciò la necessità di uno Stato che, mantenendo comune la proprietà dei mezzi di produzione, mantenga l'uguaglianza del lavoro e della distribuzione dei prodotti. Lo Stato si estingue nella misura in cui non ci sono più capitalisti, perché allora non c'è più alcuna classe da reprimere. Ciononostante, lo Stato non si è ancora estinto completamente, poiché rimane la salvaguardia del "diritto borghese" che consacra la disuguaglianza di fatto. Affinché lo Stato si estingua, occorre il comunismo integrale.

LA FASE SUPERIORE DELLA SOCIETÀ COMUNISTA

Prosegue Marx:

"... In una fase più elevata della società comunista, dopo che è scomparsa la subordinazione asservitrice degli individui alla divisione del lavoro e quindi anche il contrasto di lavoro intellettuale e fisico: dopo che il lavoro non è diventato soltanto mezzo di vita, ma anche il primo bisogno della vita; dopo che con lo sviluppo onnilaterale degli individui sono cresciute anche le forze produttive e tutte le sorgenti della ricchezza collettiva scorrono in tutta la loro pienezza, solo allora l'angusto orizzonte giuridico borghese può essere superato e la società può scrivere sulle sue bandiere. Ognuno secondo le sue capacità; a ognuno secondo i suoi bisogni!".

Ora possiamo osservare solo l'esattezza delle parole di Engels, che colpisce implacabilmente con il suo sarcasmo l'assurda comunanza dei termini "libertà" e "Stato". Finché esiste lo Stato non può esserci libertà: quando avremo la libertà lo Stato non rimarrà che un ricordo. La condizione economica della completa estinzione dello Stato è che il comunismo giunga a un così elevato grado di sviluppo, che ogni contrasto di lavoro intellettuale e fisico scompaia e che scompaia quindi una delle principali fonti di disuguaglianza sociale contemporanea, fonte che la sola socializzazione dei mezzi di produzione, la sola espropriazione dei capitalisti non può inaridire di colpo. Questa espropriazione renderà possibile uno sviluppo rapido delle forze produttive. E vedendo come, già adesso, il capitalismo intralci in modo assurdo questo sviluppo e quali progressi potrebbero essere realizzati grazie alla tecnica moderna già acquisita, abbiamo il diritto di asserire con assoluta certezza che l'espropriazione dei capitalisti darà necessariamente un gigantesco impulso alle forze produttive della società umana. Ma non sappiamo e non *possiamo sapere* quale sarà la rapidità di questo sviluppo, né quando esso giungerà a una rottura con la divisione del lavoro, alla soppressione del contrasto tra il lavoro intellettuale e fisico, alla trasformazione del lavoro intellettuale e fisico, alla trasformazione del lavoro nel "primo bisogno della vita". Abbiamo perciò diritto di parlare unicamente dell'inevitabile estinzione dello Stato, sottolineando la durata di questo processo, la sua dipendenza dalla rapidità di sviluppo dalla *fase più elevata* del comunismo, lasciando in sospeso la questione del momento in cui avverrà e delle forme concrete che questa estinzione assumerà, poiché *non abbiamo* dati che ci consentano di risolvere simili questioni. Lo Stato potrà estinguersi completamente quando la società avrà realizzato il principio: "Ognuno secondo le sue capacità, ognuno secondo i suoi bisogni", cioè quando gli uomini si saranno talmente abituati a osservare le regole fondamentali della convivenza sociale e il lavoro sarà diventato talmente produttivo, che essi lavoreranno volontariamente *secondo le loro attitudini*.

"L'angusto orizzonte giuridico borghese", che costringe a calcolare con la durezza di uno Shylock[51] – non avrò per caso lavorato mezz'ora più di un altro, non avrò guadagnato un salario

---

51 Nde. Personaggio immaginario tratto dalla commedia Il mercante di Venezia di William Shakespeare, che rappresenta il tipico usuraio ebreo veneziano.

inferiore a un altro? – questo ristretto orizzonte sarà allora un ricordo lontano. La distribuzione dei beni non renderà più necessario che la società razioni i prodotti per ciascuno, ciascuno sarà libero di prendere "a seconda delle sue esigenze". Dal punto di vista borghese è facile dichiarare che un tale regime sociale è "pura utopia" ed è facile coprire di sarcasmo i socialisti che promettono a ogni cittadino di ricevere dalla società, senza alcun controllo del suo lavoro, tutti i giorni, tutte le automobili, tutti i pianoforti che desidera. Ancora oggi la maggior parte degli "scienziati" borghesi se la cavano con sarcasmi del genere, rivelando in tal modo tanto la loro ignoranza quanto la loro interessata difesa del capitalismo. Ignoranza, perché non a un solo socialista è mai venuto in mente di "promettere l'avvento della fase superiore del comunismo: in quanto alla *previsione* dei grandi socialisti sul suo avvento, essa presuppone una produttività del lavoro diversa da quella odierna e non l'*odierna borghese*, capace come i seminaristi di Pomjalovsij[52], di sperperare le ricchezze pubbliche e pretendere l'impossibile. Fino all'avvento della fase "più elevata" del comunismo, i socialisti reclamano dalla società e *dallo Stato che sia esercitato il più rigoroso controllo* della misura del consumo, ma questo controllo, che deve *iniziare* con l'espropriazione dei capitalisti, deve essere esercitato non dallo Stato dei burocrati, ma da quello degli *operai armati*. La difesa interessata del capitalismo da parte degli ideologi borghesi (e dei loro reggicoda del genere di Tsereteli, Cernov e consorti), consiste precisamente nell'*eludere*, con discussioni e frasi su un lontano avvenire, la questione urgente e di costante attualità della politica d'*oggi*: l'espropriazione dei capitalisti, la trasformazione *di tutti* i cittadini in lavoratori e impiegati di un unico e immenso "cartello", vale a dire lo Stato intero, e la completa subordinazione di tutto il lavoro, di tutto questo cartello a uno Stato veramente democratico, *allo Stato dei Soviet dei deputati operai e dei soldati*. In fondo, quando un dotto professore e dopo di lui il filisteo e

---

52 Nde. Nikolaj Pomjalovskij (1835 – 1863), fu uno scrittore russo, autore di diversi romanzi, tra cui Bozzetti dal seminario (1862-63), ambientato nelle scuole ecclesiastiche nell'epoca zarista, a cui qui si allude.

dopo ancora i signori Tsereteli e Cernov parlano delle utopie insensate, delle promesse demagogiche dei bolscevichi, dell'impossibilità di "introdurre" il socialismo, essi alludono appunto a questo stadio o a questa fase superiore del comunismo, che non solo nessuno ha mai promesso, ma neppure mai pensato di "introdurre", per la sola ragione che è impossibile "introdurla". Ci troviamo qui di fronte al problema della distinzione scientifica tra socialismo e comunismo, problema toccato da Engels nel brano precedentemente citato sulla denominazione non esatta di "socialdemocratico". Dal punto di vista politico, la differenza tra la prima fase o fase primordiale e la fase superiore del comunismo probabilmente diventerà con il tempo notevole, ma oggi, in regime capitalistico, sarebbe ridicolo farne parola e forse solo certi anarchici potrebbero porla in particolare evidenza (se ci sono ancora tra gli anarchici uomini a cui la metamorfosi "plekhanoviana" dei Kropotkin, dei Grave, dei Cornelissen[53] e di altre "stelle" dell'anarchismo in social-sciovinisti o anarchici delle trincee – per usare l'espressione di Guy[54] – uno, dei pochi anarchici che abbiano conservato l'onore e la coscienza – non ha insegnato nulla. La differenza scientifica tra socialismo e comunismo è chiara. Marx definisce "prima fase", o fase inferiore della società comunista, ciò che comunemente viene chiamato socialismo. Il termine "comunismo" può essere anche qui usato nella misura in cui i mezzi di produzione divengono proprietà comune, purché non si dimentichi che non è un comunismo definitivo. Ciò che conferisce un grande pregio all'esposizione di Marx è che egli applica conseguentemente anche qui la dialettica materialistica, la teoria dell'evoluzione, e considera il comunismo come un

---

53 Nde. Petr Kropotkin (1842 – 1921) fu un militante e teorico dell'anarchia russa, nonché uno dei primi sostenitori dell'anarco-comunismo. Jean Grave (1854 – 1939) fu un importante attivista nel movimento anarchico francese, autore de La società morente e l'anarchia, 1891. Christiaan Cornelissen (1864 – 1942) fu un sindacalista ed economista olandese, traduttore del Manifesto Comunista nel 1891. Durante la prima guerra mondiale si avvicinò al movimento anarchico.

54 Nde. Alexandre Gay fu uno degli anarchici russi che simpatizzarono con i bolscevichi e collaborarono con essi anche dopo la rivoluzione d'Ottobre. Fu membro del Comitato esecutivo centrale dei Soviet e del governo sovietico del Caucaso del nord. Nel 1919 cadde vittima del terrore bianco nel corso della guerra civile.

qualcosa che si sviluppa *dal* capitalismo. Anziché astenersi a definizioni "escogitate", scolastiche e artificiali, a sterili dispute su parole (che cos'è il socialismo? Che cos'è il comunismo?), Marx analizza quelli che si potrebbero chiamare gradi della maturità economica del comunismo. Nella sua prima fase, nel suo primo grado, dalla prospettiva economica, il comunismo *non* può essere completamente maturo, libero dalla tradizione e dalle vestigia del capitalismo. Di qui un fenomeno interessante come il mantenimento "dell'angusto orizzonte giuridico *borghese*" nella prima fase del regime comunista. Certo il diritto borghese, per quello che concerne la distribuzione dei beni di consumo, suppone necessariamente uno *Stato borghese*, poiché il diritto è nulla senza un apparato capace di *costringere* all'osservanza delle sue normative. Ne consegue che in un regime comunista sussistono, per un certo periodo di tempo, non solo il diritto borghese, ma anche lo Stato borghese, senza borghesia! Ciò può sembrare un paradosso o un cavillo dialettico e questo rimprovero è stato spesso mosso al marxismo da gente che non si è mai data pena di studiarlo approfonditamente. Ma in realtà la civiltà ci mostra a ogni passo, nella natura della società, quali vestigia del passato sopravvivono nel presente. Marx non introdusse arbitrariamente nel comunismo una particella del diritto "borghese" egli si rese soltanto conto che, economicamente e politicamente, è inevitabile nella società uscita dal seno del capitalismo. La democrazia ha una grandissima importanza nella lotta della classe operaia contro i capitalisti per la sua emancipazione – ma la democrazia non è affatto un limite, un limite insuperabile, bensì una tappa sulla strada che va dal feudalesimo al capitalismo e dal capitalismo al comunismo. Democrazia significa uguaglianza. Si arriva a concepire quale grande importanza hanno la lotta del proletariato per l'eguaglianza e la parola d'ordine dell'uguaglianza se si comprende quest'ultima in modo corretto nel senso della soppressione delle classi. E appena realizzata l'uguaglianza di tutti gli elementi della società per ciò che concerne il possesso dei mezzi di produzione, vale a dire l'uguaglianza del lavoro, del salario, sorgerà inevitabilmente davanti all'umanità la questione di compiere un successivo passo in avanti, di passare dall'uguaglianza formale a quella reale, vale a dire alla realizzazione del principio: "Ognuno secondo le sue capacità e ognuno secondo i suoi bisogni". Noi non sappiamo, né possiamo sapere per quali tappe, attraverso quali provvedimenti pratici l'umanità andrà verso questo fine ultimo. Ma quello che importa è vedere quanto sia falsa l'idea borghese corrente che il socialismo sia qualche cosa di morto, di fisso, di dato una volta per sempre, mentre in realtà *soltanto* con il socialismo inizierà, in tutti i settori della vita sociale e privata, un rapido, vero movimento progressivo, effettivamente di massa, a cui parteciperà la *maggioranza* della popolazione prima e tutta la popolazione poi. La democrazia è una forma dello Stato, una delle sue varietà. Essa è quindi, come ogni Stato, l'applicazione organizzata sistematica della costrizione agli uomini. Questo per un verso. Ma, dall'altro, la democrazia è il riconoscimento formale dell'uguaglianza fra i cittadini, del diritto uguale per tutti di determinare la forma dello Stato e di amministrarlo. Ne consegue che, a un certo grado del suo sviluppo, la democrazia in primo luogo unisce contro il capitalismo la classe rivoluzionaria, il proletariato e gli dà la possibilità di spezzare, di ridurre in frantumi, di far sparire dalla faccia della terra la macchina dello Stato borghese – anche se borghese repubblicano – l'esercito permanente, la polizia, la burocrazia e di sostituirli con una macchina *più* democratica, ma che rimane tuttavia statale, costruita dalle masse operaie armate, da tutto il popolo che partecipa alla milizia. Qui la "quantità muta in qualità"; arrivato a *questo grado*, il sistema democratico esce dal quadro della società borghese e comincia a svilupparsi verso il socialismo. Se *tutti* gli uomini partecipano realmente alla gestione dello Stato, il capitalismo non può più esserci. E lo sviluppo del capitalismo crea a sua volta le *premesse* necessarie affinché "tutti" effettivamente *possano* partecipare alla gestione dello Stato. Queste premesse sono, tra l'altro, l'istruzione generale, già realizzata in molti paesi capitalisti avanzati, poi "l'educazione e l'abitudine alla disciplina" di milioni di operai per opera dell'enorme e complesso apparato socializzato delle poste, delle ferrovie, delle grandi officine, del grande commercio, degli istituti bancari ecc. Con tali premesse *economiche*, è possibile, dopo aver rovesciato i capitalisti e i funzionari, sostituirli, dall'oggi al domani – per il controllo della produzione e della distribuzione, per la *registrazione* del lavoro e dei prodotti – con gli operai armati, con tutto il popolo in armi. (Non bisogna confondere la questione del controllo e della registrazione con quella del personale tecnico scientificamente preparato, ingegneri, agronomi, ecc.; questi signori lavorano oggi agli ordini dei capitalisti, lavoreranno ancora meglio domani alle dipendenze degli operai armati). Registrazione e controllo, ecco *l'essenziale*, ciò che è necessario per l'avviamento e il funzionamento della società comunista *nella sua prima fase*. Tutti i cittadini mutano qui in impiegati salariati dello Stato, costituito dagli operai armati. Tutti i cittadini diventano gli impiegati e i lavoratori di un solo "carrello", di tutto il popolo, dello Stato. Tutto sta nell'ottenere che essi lavorino nella stessa misura, osservino la stessa misura di lavoro e ricevano nella stessa misura. La registrazione e il controllo in tutti questi campi sono stati semplificati all'estremo dal capitalismo, che li ha ridotti a operazioni straordinariamente semplici di sorveglianza e di conteggio, e il rilascio di ricevute, cose tutte accessibili a chiunque sappia leggere, scrivere e fare di conti. Quando la maggioranza del popolo procederà ovunque essa stessa a questa registrazione e a questo controllo dei capitalisti – trasformati allora in impiegati – e dei signori intellettuali che avranno conservato ancora delle abitudini capitaliste, questo controllo diventerà veramente universale, generale, nazionale e nessuno potrà in alcun modo sottrarvisi, "non saprà dove cacciarsi" per sfuggirvi.

L'intera società sarà un grande ufficio e una grande fabbrica con uguaglianza di lavoro e uguaglianza di salario. Ma questa disciplina "di fabbrica" che il proletariato, vinti i capitalisti e gli sfruttatori, estenderà all'intera società non è affatto il nostro ideale, né la nostra meta ultima: essa è soltanto la tappa necessaria per ripulire la società dalle storture e dalle ignominie dello sfruttamento capitalistico e assicurare l'*ulteriore* passo in avanti. Dal momento in cui tutti i componenti della società, o almeno la maggioranza di essi, hanno appreso a gestire *essi stessi* lo Stato, si sono messi essi stessi all'opera, hanno "organizzato" il loro controllo sull'ultima minoranza dei capitalisti, sui signori desiderosi di conservare le loro abitudini capitaliste e sugli operai profondamente corrotti dal capitalismo – da quel momento la necessità di qualsiasi amministrazione inizia a scomparire. Quanto più la democrazia è completa, tanto più vicino è il momento in cui essa diviene superflua. Quanto più democratico è "lo Stato" composto dagli operai armati, che "non è più uno Stato nel senso proprio del termine", tanto più rapidamente inizia ad estinguersi *ogni* Stato. Infatti, quando *tutti* avranno imparato ad amministrare e amministreranno realmente essi stessi la produzione sociale, quando tutti procederanno essi stessi alla registrazione e al controllo dei parassiti, dei figli di papà, dei furfanti e simili "guardiani delle tradizioni del capitalismo", ogni tentativo di sfuggire a questa registrazione e a questo controllo esercitato da tutto il popolo diventerà talmente difficile, diverrà un'eccezione così rara, provocherà verosimilmente un castigo così pronto e così esemplare (perché gli operai armati sono persone che hanno il senso pratico della vita – e non dei piccoli intellettuali sentimentali – e non permetteranno che ci si prenda gioco di loro), che la necessità di osservare le regole semplici e fondamentali di ogni società umana diverrà ben presto un costume. Si spalancheranno allora le porte che permetteranno il passare dalla prima fase alla fase superiore della società comunista e, quindi, alla completa estinzione dello Stato.

VI

La degradazione del marxismo negli opportunisti

Il problema dell'atteggiamento dello Stato nei confronti della rivoluzione sociale e della stessa nei confronti dello Stato, come del resto la questione della rivoluzione in generale, ha preoccupato assai poco i teorici e i pubblicisti più in vista della Seconda Internazionale (1899-1914). Ma ciò che è più caratteristico, nel processo dello sviluppo graduale dell'opportunismo, processo che è sfociato nel fallimento della Seconda Internazionale nel 1914, è che, persino nei momenti in cui il problema si poneva con maggiore acutezza, ci si *sforzava di evitarlo*, di non vederlo. In generale si può dire che la *tendenza a chiedere* il problema dell'atteggiamento della rivoluzione proletaria verso lo Stato, inclinazione vantaggiosa per l'opportunismo che essa alimentava, ha portato al travisamento del marxismo e alla sua completa degradazione. Per caratterizzare, sia pur brevemente, questo deplorevole processo, consideriamo i nemici più evidenti del marxismo: Plekhanov e Kautsky.

LA POLEMICA DI PLEKHANOV CON GLI ANARCHICI

In un opuscolo uscito nel 1894 con il nome *Anarchismo e socialismo*, Plekhanov si ingegnò a trattare questo tema eludendo

113

completamente la questione più attuale, più scottante e, politicamente, più essenziale nella lotta contro l'anarchismo, e precisamente l'atteggiamento della rivoluzione nei confronti dello Stato e la questione dello Stato in generale! Il suo opuscolo comprende due parti: una storico letteraria, ricca di preziosi documenti sulla storia delle idee di Stirner[55], di Proudhon, ecc; l'altra filistea, con grossolane considerazioni sui temi come quello che un anarchico non si distingue da un furfante. Questa combinazione di temi è molto spassosa e caratterizza perfettamente tutta l'attività di Plekhanov alla vigilia della rivoluzione e nel corso di tutto il periodo rivoluzionario in Russia. Semidottrinario, semi-filisteo, a rimorchio della borghesia in politica, tale si mostrò Plekhanov nel periodo 1905-1917. Abbiamo visto come, nelle loro polemiche con gli anarchici, Marx e Engels avessero chiarito con la massima cura i loro punti di vista sull'atteggiamento della rivoluzione nei confronti dello Stato. Pubblicando, nel 1891, *Critica del programma di Gotha* Marx e Engels scrivevano: "Noi eravamo impegnati allora, appena due anni dopo il Congresso dell'Aja della Prima internazionale, in una feroce lotta contro Bakunin e i suoi anarchici".

Gli anarchici tentarono appunto di presentare la Comune di Parigi come una cosa per così dire "loro" che ne confermava la dottrina, ma non compresero niente degli insegnamenti della Comune e dell'analisi che Marx ne fece. Sulle questioni politiche concrete: bisogna spezzare la vecchia macchina dello Stato? *Con cosa è necessario* sostituirla? L'anarchismo non ha dato niente che si avvicini a una risposta su tutto questo. Ma parlare di "anarchismo" e "socialismo" eludendo totalmente la questione dello Stato, senza vedere tutto lo sviluppo del marxismo prima e dopo la Comune significava cadere nell'opportunismo. Ciò che infatti occorre all'opportunismo è che le due questioni che noi abbiamo qui indicate non siano affatto affrontate. Questo costituisce di per sé una vittoria dell'opportunismo.

---

55 Nde. Max Stirner (1806 – 1856) fu un filosofo tedesco, precursore dell'anarco-individualismo. Tra le sue opere, L'unico e la sua proprietà (1844).

LA POLEMICA DI KAUTSKY CON GLI OPPORTUNISTI

La letteratura russa possiede certamente assai più traduzioni di Kautsky che non di qualsiasi altro. Non è immotivato che alcuni socialdemocratici tedeschi dicano scherzando che Kautsky sia molto più letto in Russia che non in Germania. (C'è in questa battuta, sia detto tra parentesi, un fondamento storico molto più profondo di quanto non sospettino quelli che l'hanno lanciata: cioè gli operai russi, avendo presentato nel 1905 una richiesta straordinariamente elevata, mai vista delle migliori opere della migliore letteratura socialdemocratica nel mondo e avendo ricevuto traduzioni ed edizioni di queste opere in quantità non conosciuta negli altri paesi hanno per così dire trapiantato a un ritmo accelerato, nella giovane terra del nostro movimento proletario, la notevole esperienza di un paese più vicino e avanzato). Oltre che per la sua esposizione popolare del marxismo, Kautsky è conosciuto da noi soprattutto per la sua polemica con gli opportunisti, capeggiati da Bernstein. Ma c'è un fatto quasi ignorato e che non si può passare sotto silenzio se si vuole studiare come Kautsky abbia potuto perdere così vergognosamente la testa e cadere, durante la grande crisi del 1914-1915, nella difesa del social-sciovinismo. Questo fatto è che, prima della sua campagna contro i rappresentanti più in vista dell'opportunismo in Francia (Millerand e Jaurés[56]) e in Germania (Bernstein) Kautsky aveva manifestato grandi esitazioni. La rivista marxista *Zarià*, che usciva a Stoccarda nel 1901-1902 e difendeva le idee proletarie rivoluzionarie, aveva dovuto *polemizzare* con Kautsky e qualificare come risoluzione "di caucciù" la risoluzione mitigata, evasiva, conciliante verso gli opportunisti, da lui proposta al Congresso

---

56 Nde. Alexandre Millerand (1859 – 1943) fu un deputato radicale (1885-89) poi passato al socialismo riformista. A seguito del suo ingresso nel governo di P. Waldeck-Rousseau (1899-1902) come ministro del Commercio e dell'Industria, si attirò le aspre critiche dei socialisti e dei sindacalisti rivoluzionari. Dal 1920 al 1924 fu Presidente della Repubblica di Francia. Jean Jaurès (1859 – 1914) fu uno dei maggiori intellettuali del socialismo, leader del Partito Socialista francese a partire dal 1902. Nel 1904 fondò il foglio socialista l'Humanité.

socialista internazionale di Parigi del 1900. Nella stampa tedesca furono pubblicate lettere di Kautsky che rivelano esitazioni non meno rilevanti prima della sua campagna contro Bernstein.

Un'importanza molto maggiore ha tuttavia il fatto che, nella stessa polemica di Kautsky con gli opportunisti, nel suo modo di porre e di trattare la questione, noi constatiamo ora, studiando la storia del suo recente tradimento verso il marxismo, una deviazione sistematica verso l'opportunismo proprio sul problema dello Stato. Prendiamo la prima opera importante di Kautsky contro l'opportunismo, il libro *Bernstein e il programma social-democratico*. Qui egli confuta minutamente Bernstein, ma ecco ciò che vi è di caratteristico. Nelle sue *Premesse del socialismo* che gli hanno fruttato una fama alla maniera di Erostrato, Bernstein accusa il marxismo di "blanquismo" (accusa in seguito più volte ripetuta dagli opportunisti e dai borghesi liberali in Russia contro i bolscevichi, rappresentanti del marxismo rivoluzionario). Bernstein si sofferma qui specialmente sulla *Guerra civile in Francia* di Marx e tenta, molto infelicemente come abbiamo appurato, di identificare il modo di vedere di Marx sugli insegnamenti della Comune con quello di Proudhon. Ciò che attira soprattutto l'attenzione di Bernstein è la conclusione che Marx sottolineò nella prefazione del 1872 al *Manifesto del Partito comunista*, dove è scritto:

"La classe operaia non può impossessarsi puramente e semplicemente di una macchina statale già pronta e metterla in moto per i suoi fini".

Questa espressione è risultata sì tanto gradita a Bernstein, che egli volle riportarla più volte nel suo libro interpretandola nel senso più deformato, più opportunistico. Come abbiamo visto, Marx dice che la classe operaia deve *spezzare, demolire, cancellare* la macchina dello Stato. Ora, secondo Bernstein, Marx avrebbe con ciò messo in guardia la classe operaia *contro* un ardore troppo rivoluzionario nel momento della presa del potere. Non si può immaginare una falsificazione più grossolana del pensiero di Marx.

Egli si è ben guardato, su questo punto, dall'analizzare in tutta la sua profondità la mistificazione del marxismo da parte degli opportunisti. Egli ha riprodotto il brano già citato della prefazione di Engels alla *Guerra Civile di Francia* asserendo che secondo lui la classe operaia non può impadronirsi *semplicemente* dell'apparato statale già costituito, ma che, in generale, essa può impossessarsene e nient'altro. Che Bernstein attribuisse a Marx *esattamente il contrario* del suo pensiero e che, fino al 1852, Marx avesse assegnato alla rivoluzione proletaria la missione di "distruggere" la macchina statale, di tutto questo in Kautsky non è fatta parola. Ne consegue che ciò che distingue radicalmente il marxismo dall'opportunismo nella questione dei compiti della rivoluzione proletaria è da Kautsky omesso. Scrive lo stesso contro Bernstein:

"Possiamo tranquillamente lasciare all'avvenire la cura di risolvere la questione della dittatura del proletariato".

Questa non è una polemica contro Bernstein, ma una concessione allo stesso, una capitolazione di fronte all'opportunismo, poiché gli opportunisti non chiedono di meglio che di "lasciare all'avvenire" tutte le questioni relative ai compiti della rivoluzione proletaria. Per quattro decenni, dal 1852 al 1891, Marx ed Engels insegnarono al proletariato che esso deve distruggere la macchina dello Stato. E Kautsky, nel 1899, di fronte al tradimento del marxismo da parte degli opportunisti, su questo punto sostituisce con un escamotage il problema se si debba o meno rompere questa macchina, con il problema delle forme concrete di demolizione e si nasconde dietro quest'incontestabile e sterile verità filistea: non possiamo conoscere in anticipo queste concrete forme! Tra Marx ed Engels c'è un abisso nell'atteggiamento verso il compito del partito del proletariato, che è di preparare la classe operaia alla rivoluzione. Prendiamo l'opera successiva più matura di Kautsky, dedicata essa pure in notevole misura alla combinazione degli errori dell'opportunismo. È l'opuscolo sulla

Rivoluzione sociale[57]. Qui l'autore ha scelto come tema specifico il problema della "rivoluzione proletaria" e del "regime proletario". Egli enuncia molte idee estremamente preziose, tralasciando tuttavia il problema dello Stato. Nell'opuscolo si parla sempre della conquista del potere statale e nient'altro; viene cioè scelta una formula che è una concessione agli opportunismi, poiché *ammette* la conquista del potere, *senza* la distruzione della macchina dello Stato. Nel 1902, Kautsky *risuscita* appunto ciò che Marx, nel 1872, dichiarava "superato" nel programma del *Manifesto del Partito Comunista*. L'opuscolo dedica un paragrafo "alle forme e alle armi della rivoluzione sociale". Si parla dello sciopero politico di massa, della guerra civile e di quegli "strumenti di dominio di un grande Stato moderno quali sono la burocrazia e l'esercito", ma non si fa cenno alcuno agli insegnamenti che la Comune ha già fornito ai lavoratori. Evidentemente, Engels aveva ragione a mettere in guardia soprattutto i socialisti tedeschi contro la "venerazione superstiziosa" dello Stato. Kautsky presenta la faccenda in questi termini: il proletariato vittorioso "realizzerà il programma democratico" e ne espone i paragrafi. Non una parola su ciò che l'anno 1871 ha fornito di nuovo circa la sostituzione della democrazia proletaria alla democrazia borghese! Kautsky se la sbriga con alcune banalità dalla parvenza seria come la seguente:

"È ovvio che non arriveremo al potere nell'attuale regime: la rivoluzione russa presuppone un lotta prolungata, che vada alla radice e avrà quindi il tempo di modificare la nostra attuale struttura politica e sociale".

Ovvio, come il fatto che i cavalli mangino l'avena e il Volga confluisca nel mar Caspio. C'è solo da rimpiangere il fatto che con una frase vuota e roboante sulla lotta "che si spinge alla radice" si *eluda* la questione capitale per il proletario rivoluzionario, quella di sapere in cosa consista la "radice" della *sua* rivoluzione nei confronti dello Stato, della democrazia, a differenza delle precedenti rivoluzioni non proletarie. Eludendo questa questione,

---

57

Kautsky in realtà fa, su questo punto capitale, una concessione all'opportunismo, al quale dichiara *a parole* una guerra minacciosa sottolineando l'importanza dell'idea di rivoluzione (ma cosa può valere questa idea quando si teme di diffondere, tra gli operai, gli insegnamenti concreti della rivoluzione?) o dicendo: "l'idealismo rivoluzionario innanzi tutto" o dichiarando che "gli operai inglesi non sono oggi meglio dei piccolo borghesi". Scrive Kautsky:

"Nella società socialista possono esistere, l'una di fianco all'altra, le più svariate forme di imprese burocratiche (??) sindacali, cooperative, individuali... Ci sono, per esempio, imprese che non possono fare a meno di un'organizzazione burocratica (?) come le ferrovie. L'organizzazione democratica può qui assumere la seguente forma: gli operai eleggono dei delegati che andranno a formare una specie di parlamento e questo parlamento stabilirà il regime del lavoro e sorveglierà la direzione dell'apparato burocratico. Altre imprese possono essere affidate ai sindacati; altre, infine, possono essere organizzate secondo i principi della cooperazione".

Questo ragionamento è errato, è un passo indietro rispetto ai chiarimenti che Marx ed Engels davano negli anni '70 sull'esperienza della Comune. Per quanto riguarda la presunta necessità di un'organizzazione "burocratica", le ferrovie non si differenziano in niente da qualsiasi altra azienda della grande industria meccanizzata o grande azienda capitalista. In tutte queste aziende, la tecnologia impone una ferrea disciplina, una grande puntualità nell'adempimento della parte di lavoro assegnata a ciascuno, pena l'arresto di tutta l'impresa e il deterioramento del meccanismo e delle merci. In tutte queste attività produttive, naturalmente, gli operai "indicheranno delegati che andranno a formare una *sorta di parlamento*. Tuttavia, il punto focale è qui che questa "sorta di parlamento" *non* sarà un parlamento nel vero senso delle istituzioni parlamentari borghesi. Il punto centrale è che "questa specie di parlamento "*non* si accontenterà di stabilire il regime del lavoro e di sorvegliare la direzione dell'apparato burocratico" come ipotizza Kautsky, il cui pensiero non esce dal quadro del parlamentarismo borghese. Nella società socialista "una specie di parlamento" di deputati operai "stabilirà il regime del lavoro, vigilando sul funzionamento dell'apparato". Quest'apparato non sarà più quello burocratico, che demoliranno dalle fondamenta, eliminando ogni pietra, bensì un apparato del tutto nuovo, il quale sarà composto dagli stessi operai e dagli stessi impiegati; per evitare poi il rischio che anch'essi divengano dei burocrati, saranno immediatamente adottate le misure studiate da Marx e da Engels: 1) Non soltanto eleggibilità immediata ma anche subitanea revoca; 2) Stipendio non superiore al salario riconosciuto all'operaio; 3) Passaggio immediato a una situazione in cui tutti assumano le funzioni di controllo e di sorveglianza e in cui tutti siano nel contempo burocrati in modo che nessuno possa diventare un vero "burocrate". Kautsky non ha affatto riflettuto sul senso delle parole di Marx: "La Comune doveva essere un'organizzazione parlamentare, ma di lavoro esecutivo e legislativo". Kautsky non ha affatto compreso la differenza tra parlamentarismo borghese, che unisce la democrazia (non per il popolo) e il significato democratico proletario che prenderà immediate misure per estirpare alla radice il burocratismo e sarà in grado di giungere alla completa distruzione della burocrazia e all'instaurazione della democrazia del popolo. Kautsky ha qui fornito prova della "venerazione superstiziosa" dello Stato, della solita "fede superstiziosa" nella burocrazia. Passiamo all'ultima e migliore opera di Kautsky contro gli opportunisti, il suo opuscolo *La via del potere* (non tradotto, mi pare, in russo perché apparso nel 1909 quando da noi la reazione era al punto massimo)[58]. Questo scritto segna un grande passo avanti in quanto non tratta del programma rivoluzionario in generale, come l'opera del 1899 contro Bernstein, né dei compiti della rivoluzione sociale indipendentemente dall'epoca del suo avvento, come il volume *La rivoluzione sociale* del 1902, ma delle condizioni concrete che ci costringono a riconoscere che "l'era della rivoluzioni" *inizia*. L'autore parla senza mezzi termini dell'acuirsi degli antagoni-

---

58 Nde. K. Kautsky, La via al potere. Considerazioni politiche sulla maturazione della rivoluzione, 1909.

smi di classe in generale e dell'imperialismo che ha, sotto questo rapporto, una funzione particolarmente importante. Dopo "il periodo rivoluzionario del 1789-1871" per l'Europa occidentale, l'anno 1905 ha inaugurato un periodo analogo per l'Oriente. La guerra mondiale si avvicina con estrema rapidità. "Il proletariato non può più parlare di rivoluzione prematura". "Siamo entrati nel periodo rivoluzionario". "L'epoca delle rivoluzioni ha inizio". Queste dichiarazioni sono chiare. Questo opuscolo di Kautsky può servire come utile termine di confronto per vedere ciò che la socialdemocrazia tedesca prometteva di essere prima della guerra imperialistica e quanto in basso sia caduta (e Kautsky con essa) allo scoppio della guerra. "La situazione attuale", scriverà Kautsky nel testo citato, "comporta il pericolo che ci si possa facilmente prendere (noi socialdemocratici tedeschi) per più moderati di quanto in realtà siamo". È risultato che il partito socialdemocratico tedesco, in realtà, era incomparabilmente più moderato e più opportunista di quanto non sembrasse! Tanto più caratteristico è il fatto che, dopo aver proclamato in modo tanto deciso che l'epoca delle rivoluzioni incominciava, Kautsky, in un testo dedicato, secondo le sue stesse parole, proprio all'analisi del problema della "rivoluzione *politica*" abbia ancora una volta completamente ignorato la questione dello Stato.

Dalla somma di queste omissioni, silenzi, reticenze, non poteva che venire quel completo passaggio all'opportunismo di cui parleremo subito. La socialdemocrazia tedesca aveva l'aria di proclamare, per bocca di Kautsky: "Io conservo le mie idee rivoluzionarie (1899). Riconosco che una nuova idea di rivoluzione comincia (1909). Tuttavia, nel momento in cui si pone la questione dei compiti della rivoluzione proletaria verso lo Stato (1912), vado indietro in confronto a ciò che Marx disse già nel 1852". In questo modo, venne posta la questione nella polemica di Kautsky con Pannekoek[59].

---

59 Nde. Anton Pannekoek (1873 – 1960), olandese, fu un astronomo e un militante comunista. Aderì al Partito socialdemocratico operaio dei Paesi Bassi e scrisse numerosi articoli che furono pubblicati anche sul Neue Zeit. Nel 1921 si iscrisse al Partito comunista operaio dei Paesi Bassi.

LA POLEMICA DI KAUTSKY CON PANNEKOEK

Pannekoek, quando entrò in conflitto con Kautsky, era uno dei rappresentanti della tendenza "radicale di sinistra", che contava, tra le sue fila, Rosa Luxemburg, Karl Radek[60] e altri, i quali, difendendo la tattica rivoluzionaria, concordavano nel riconoscere che Kautsky stava passando a una posizione di "centro" vuota di principi, oscillante tra il marxismo e l'opportunismo. L'esattezza di questa valutazione è stata pienamente dimostrata dalla guerra, nel corso della quale la tendenza detta di "centro" – erroneamente definita marxista o kautskiana – si è rivelata in tutta la sua rivoltante meschinità. In un articolo in cui si occupa del problema dello Stato, *L'azione di massa e la rivoluzione* (*Neue Zeit*, 1912), Pannekoek, definì la posizione di Kautsky come un "radicalismo passivo", una "teoria dell'attesa inerte", "Kautsky non vuole vedere il processo della rivoluzione". Ponendo in questo modo la questione, Pannekoek affronta l'argomento che ci interessa sui compiti della rivoluzione proletaria nei confronti dello Stato. Egli scrive:

"La lotta del proletariato non è solamente una lotta contro la borghesia per il potere dello Stato: è anche una lotta contro il potere dello Stato. La rivoluzione proletaria consiste nell'alimentare gli strumenti di lotta dello Stato e nell'eliminarli tramite gli strumenti di forza del proletariato. La lotta cessa soltanto quando, conseguito il risultato finale, l'organizzazione dello Stato è radicalmente annientata. L'organizzazione della maggioranza prova la sua superiorità, distruggendo l'organizzazione della minoranza dominante".

---

60 Nde. Rosa Luxemburg (1871 – 1919) fu una politica, rivoluzionaria polacca. Partecipò alla Rivoluzione tedesca del novembre 1918 e contribuì a fondare il Partito Comunista di Germania tra il dicembre 1918 e il gennaio 1919. Nel corso della "Rivolta di gennaio", iniziata il 6 gennaio 1919, venne rapita ed in seguito assassinata, insieme con Liebknecht, dai soldati dei Corpi franchi. Karl Radek (1885 – 1939) fu un rivoluzionario e politico sovietico. Partecipò alla Rivoluzione russa del 1905 e fu uno stretto collaboratore di Lenin. Dopo la Rivoluzione di ottobre aderì al Partito comunista, divenendo (1920) membro del Comitato esecutivo del Comintern, ma ne fu espulso (1927) per aver aderito all'opposizione di sinistra ispirata da L. Trockij; fu riammesso solo dopo aver ritrattato (1929). Arrestato durante la grande epurazione a metà degli anni Trenta, morì probabilmente in prigione o in un campo di concentramento.

Le formule con cui Pannekoek riveste le sue idee sono piene di gravi difetti. Ma l'idea è tuttavia chiara ed è interessante vedere in che modo Kautsky ha cercato di metterla in discussione. Egli dice:

"Fino ad adesso l'opposizione tra i socialdemocratici e gli anarchici consisteva nel fatto che i primi volevano conquistare il potere dello Stato, i secondi distruggerlo. Pannekoek vuole entrambe le cose".

Se l'esposizione di Pannekoek difetta di chiarezza e di concretezza (sorvolando sugli altri difetti del tema discusso), Kautsky, da parte sua, affronta proprio il *principio* essenziale del problema accennato da Pannekoek e, in questa questione fondamentale di principio, egli abbandona totalmente le posizioni del marxismo per sposare l'opportunismo. La distinzione che egli stabilisce tra socialdemocratici e anarchici è radicalmente errata, il marxismo è qui assolutamente snaturato e sminuito. I marxisti si distinguono dagli anarchici in questo:

1. I primi, pur ponendosi l'obbiettivo della soppressione totale dello Stato, non lo ritengono realizzabile, se non dopo l'eliminazione completa delle classi per opera della rivoluzione socialista, come risultato dell'instaurazione del socialismo che porta al venir meno dello Stato; i secondi vogliono l'immediata e completa soppressione dello Stato, senza capire quali condizioni la rendano possibile.

2. I primi proclamano la necessità per il proletariato, dopo che esso avrà conquistato il potere politico, di distruggere completamente la vetusta macchina statale e di sostituirla con un nuova che consiste nell'organizzazione degli operai armati, sul tipo della Comune; i secondi, pur reclamando la distruzione dell'apparato statale, si rappresentano in modo molto confuso *con che cosa* il proletariato la sostituirà e *come* utilizzerà il potere rivoluzionario; gli anarchici rinnegano persino qualsiasi utilizzo del potere dello Stato da parte del proletariato rivoluzionario, la sua

dittatura rivoluzionaria.

3. I primi vogliono che il proletariato si prepari alla rivoluzione utilizzando lo Stato moderno; gli anarchici sono di parere contrario.

In questa discussione, è Pannekoek che rappresenta il marxismo contro Kautsky; proprio Marx infatti ha insegnato che il proletario non può semplicemente appropriarsi del potere statale – nel senso che ciò che è in essere passa in nuove mani –, ma deve troncare, demolire, questo potere sostituendolo con uno nuovo. Kautsky abbandona il marxismo per l'opportunismo nei suoi scritti, infatti lì scompare la distruzione dell'apparato statale, cosa assolutamente inammissibile per gli opportunisti; egli lascia a questi ultimi una via d'uscita che consente loro di interpretare la "conquista" del potere come un semplice conseguimento della maggioranza. Per nascondere questa sua deformazione del marxismo, Kautsky si comporta da scolastico e ricorre a una "citazione" dello stesso Marx. Nel 1850, Marx parlava della necessità di una "decisa centralizzazione del potere nelle mani dello Stato". E Kautsky, trionfante, domanda: "Vuole forse Pannekoek distruggere il "centralismo?". È un mero gioco di prestigio che ricorda quello di Bernstein, con la sua identificazione di marxismo e proudhonismo, a proposito dell'idea della federazione da opporre al centralismo. La "citazione" di Kausky cade a proposito. Il centralismo è possibile sia con la vecchia macchina dello Stato, quanto con la nuova. Se gli operai uniscono volontariamente le forze armate, si avrà il centralismo, ma questo centralismo sarà fondato sulla "completa distruzione" dell'apparato statale centralista, dell'esercito permanente della polizia, della burocrazia. Kautsky si comporta in modo disonesto eludendo le osservazioni ben note di Marx e di Engels sulla Comune per andare a cercare una citazione che non ha niente a che fare con la faccenda. Continua Kautsky:

"... Pannekoek, vuole forse opprimere le funzioni statali dei funzionari? Noi non possiamo fare a meno dei funzionari, né del partito, né dei sindacati, senza parlare delle amministrazioni dello Stato, ma la loro elezione deve partire dal popolo. Non si tratta ora, per noi, di sapere quali forme assumerà l'apparato amministrativo nello "Stato futuro", ma di sapere se la nostra lotta politica distruggerà il potere statale prima che sia da noi conquistato... Quale ministero con i suoi funzionari potrebbe essere distrutto?".

E qui enumera i ministeri dell'Istruzione pubblica, della Giustizia, delle Finanze, della Guerra... "No, nessuno di questi ministeri statali attuali sarà soppresso dalla nostra lotta politica contro il governo... Lo ribadisco per evitare malintesi: non si tratta di sapere quale forma la socialdemocrazia vittoriosa darà allo 'Stato futuro', ma come la nostra opposizione trasformerà lo Stato in essere...".[61]. Pannekoek poneva il problema della *rivoluzione*. Il suo articolo e i brani citati lo dicevano chiaramente. Saltando alla questione dell'opposizione, Kautsky non fa che sostituire al punto di vista rivoluzionario, il punto di vista opportunista. Ne risulta quindi: adesso opposizione, in quanto a ciò che si potrà fare *dopo* la conquista del potere, si vedrà poi... *La rivoluzione scompare*... È proprio quello di cui necessitano gli opportunisti. Non è dell'opposizione, né della lotta politica in generale che si tratta: si tratta della *rivoluzione*. La rivoluzione consiste nel fatto che il proletariato abbatta "l'apparato amministrativo" e *tutto* l'apparato statale per sostituirlo con uno nuovo, formato da operai armati. Kautsky svela una "venerazione superstiziosa" per i "ministeri"; ma perché questi non potrebbero essere sostituiti, per esempio, da commissioni di specialisti presso i Soviet, sovrani e con pieni poteri, dai deputati operai e soldati? L'essenziale non è affatto sapere se resteranno i "ministeri" o se questi saranno sostituiti da "commissioni" di specialisti" o da altre istituzioni: questo non ha alcuna importanza. La questione importante è sapere se la vecchia macchina statale (legata con mille lacci alla borghesia e imbevuta di spirito burocratico e conservatore) sarà mantenuta oppure *demolita* e sostituita con una nuova: è questa la questione *fondamentale* del marxismo che Kautsky cancella o non ha assolutamente compreso. La sua domanda, a proposi-

---

61 Nde. K. Kautsky, La nuova tattica, Neue Zeit.

to dei funzionari, mostra chiaramente che egli non ha inteso gli insegnamenti della Comune, né la dottrina di Marx. "Noi non possiamo fare a meno dei funzionari, né del partito, né dei sindacati...".

Non possiamo fare a meno dei funzionari in *un regime capitalistico*, sotto la *sovraintendenza della borghesia*. Il proletariato è oppresso e le masse lavoratrici sono asservite dal capitalismo. In regime capitalistico, la democrazia è ristretta, mutilata da tutto l'ambiente creato dalla schiavitù del salario, dal bisogno e dalla miseria delle masse. Per questo, e solo per questo, nelle nostre organizzazioni politiche e sindacali i funzionari sono corrotti (o più precisamente hanno tendenza ad esserlo) dall'ambiente capitalistico e manifestano la tendenza a trasformarsi in burocrati, vale a dire in persone privilegiate, staccate dalle masse e poste *al di sopra di esse*. Qui è l'essenza del burocratismo; e fino a quando i capitalisti non saranno stati espropriati, fino a quando la borghesia non sarà stata abbattuta, una certa "burocrazia" degli stessi funzionari del proletariato diviene inevitabile. Secondo Kautsky, risulta dunque che, poiché vi sono impiegati eletti, significa che anche in regime socialista ci sarà la burocrazia! Ma è giustappunto questo che è inveritiero. Attraverso l'esempio della Comune, Marx dimostrò che i detentori di cariche pubbliche in un regime socialista cessano di essere prerogativa dei burocrati, nella misura in cui viene introdotta oltre all'eleggibilità anche la loro revoca immediata, e ancora si riduce il loro stipendio al salario medio di un operaio, e *ancora* si sostituiscono le istituzioni parlamentari con organismi "di lavoro allo stesso tempo esecutivi e legislativi". In fondo tutta l'argomentazione di Kautsky contro Pannekoek – e in particolare il suo magnifico argomento sulla necessità dei funzionari nelle organizzazioni sindacali e di partito –, dimostrano che Kautsky ripete i vecchi "argomenti" di Bernstein contro il marxismo in generale. Nel suo libro *Le premesse del socialismo*, il rinnegato Bernstein si scaglia contro l'idea della democrazia "primitiva", contro quella che egli definisce "democratismo dottrinario": mandati imperativi, funzionari non rimunerati, rappresentanza centrale senza poteri etc. Per provare l'inconsistenza di questo sistema democratico "primitivo", Bernstein evoca l'esperienza delle *trade union* inglesi, nel modo in cui è inteso dai coniugi Webb[62]. Nei settanta anni del loro sviluppo, le *trade union* che si fossero sviluppate in "piena libertà" si sarebbero convinte dell'inefficacia del sistema democratico primitivo e l'avrebbe sostituito con quello abituale: il parlamento congiunto al burocratismo. In verità, le *trade union* non si sono sviluppate "in piena libertà", *ma in totale schiavitù capitalistica* nella quale "non si può fare a meno" di una serie di concessioni al male imperante, alla violenza, alla menzogna, all'esclusione dei poveri dalle questioni amministrative "superiori". In un regime socialista, rivivranno inevitabilmente molti aspetti della democrazia "primitiva", perché, per la prima volta nella storia delle società civile, la *maggioranza* della popolazione si eleverà a una partecipazione indipendente, non solo nell'espressione del voto ma pure *nell'amministrazione quotidiana*. In un regime socialista, tutti governeranno a turno e *tutti* si abitueranno ben presto a far sì che nessuno governi. Con il suo geniale spirito critico e analitico, Marx vide nei provvedimenti pratici della Comune quella *svolta* che gli opportunisti temono tanto e, per vigliaccheria, si rifiutano di riconoscere, perché rifuggono dal rompere definitivamente con la borghesia; quella *svolta* che anche gli anarchici si rifiutano di conoscere, o perché sono troppo imprudenti, o, in generale, perché non comprendono le condizioni delle trasformazioni sociali di massa. "Non bisogna neppure pensare a distruggere la vecchia macchina statale; che cosa diverremmo senza ministeri e senza funzionari?". Così ragiona l'opportunista impregnato di spirito di libertà, il quale in fondo non solo non crede alla rivoluzione e alla sua potenza creatrice, ma ha di essa una paura mortale (come i nostri bolscevichi e i nostri socialisti-rivoluzionari). "È necessario pensare *unicamente* alla distruzione della vecchia macchina statale; è inutile approfondire gli insegnamenti *concreti* delle rivoluzioni proletarie passate e analizzare *con cosa e come*

---

62 Nde. Sidney James Webb (1859 – 1947), politico inglese e la moglie Beatrice Webb (1859 – 1934), sociologa, furono molto prolifici nella stesura di numerosi libri inerenti al mondo del lavoro, le forme di governo, il socialismo e il comunismo.

sostituire ciò che si distrugge". In questo modo ragiona l'anarchico (il migliore degli anarchici naturalmente non è quello che, al seguito dei signori Kropotkin e compagni, si trascina dietro la borghesia); e l'anarchico arriva in questo modo alla tattica della disperazione e non al lavoro rivoluzionario che, pur risoluto e inesorabile, al tempo stesso si pone dei compiti concreti e tiene conto delle condizioni pratiche del movimento delle masse. Marx ci insegna a evitare questi due errori: ci insegna a dare prova di illimitato coraggio nel distruggere l'intera struttura statale e ci insegna al tempo stesso a porre il problema in modo concreto. In poche settimane la Comune *poté iniziare* a costruire una *nuova* struttura statale proletaria e ci insegna nel contempo a porre la questione in modo concreto: in poche settimane, la Comune poté iniziare a costruire un nuovo sistema statale proletario; ed ecco i provvedimenti in essa presi per concretizzare una democrazia perfetta e debellare la burocrazia. Impariamo dunque dai comunardi l'amore rivoluzionario, cerchiamo di vedere, nei loro provvedimenti pratici, un abbozzo dei provvedimenti pratici urgenti immediatamente realizzabili e arriveremo allora, su questa strada, alla radicale *distruzione* dell'apparato burocratico. Che questa distruzione sia possibile ci è garantito dal fatto che il socialismo ridurrà la giornata di lavoro, porterà le masse a una vita migliore e porrà la *maggioranza* della popolazione in condizioni tali, da permettere a *tutti* senza eccezione, di adempiere alle "funzioni statali". Prosegue Kautsky:

"... Il compito dello sciopero di massa non può essere *di distruggere* il potere statale, ma soltanto di costringere il governo a fare delle concessioni su una determinata questione o di sostituire un governo ostile al proletariato con un governo che gli sia amico... Ma mai, in nessun caso, ciò (ossia la vittoria del proletariato su un governo a lui avverso) può portare al disfacimento del potere statale, il risultato non può essere che un certo spostamento nel rapporto delle forze *all'interno del potere statale*... Il fine della nostra lotta politica rimane dunque, come per il passato, la conquista del potere statale mediante il conseguimento della maggioranza parlamentare e della trasformazione del Parlamento in padrone del governo".

Questo è già purissimo e banalissimo opportunismo, la rinuncia di fatto alla rivoluzione, pur riconoscendola a parole. Il pensiero di Kautsky non si spinge oltre "un governo che vada incontro alle necessità del proletariato" ed è un passo indietro verso il filisteismo in rapporto al 1847, anno in cui il *Manifesto del Partito Comunista* proclamava "l'organizzazione del proletariato in classe dominante". Kautsky sarà costretto a realizzare l'unità che gli sta tanto a cuore con gli Scheidemann, i Plekhanov, i Vandervelde, tutti uniti nel lottare per un governo che vada incontro al proletariato". Quanto a noi, romperemo con questi rinnegati del socialismo e lotteremo per la distruzione di tutta la vecchia macchina dello Stato, affinché il proletariato armato *divenga* esso stesso il *governo*. Sono due cose estremamente diverse. Kautsky sarà costretto a restare nella piacevole compagnia dei Legien, dei Daniel, dei Plekhanov, dei Potresov, dei Tsereteli, dei Cernov, uomini pienamente concordi nel lottare per uno "spostamento nel rapporto delle forze all'interno del potere dello Stato", per il "conseguimento della maggioranza in Parlamento e della trasformazione del Parlamento in padrone del governo", nobile obiettivo che può essere completamente accettato dagli opportunistici e che non esce per nulla dal quadro della repubblica parlamentare. Quanto a noi, romperemo con gli opportunisti: e il proletario cosciente sarà unito tutto con noi nella lotta, non per uno "spostamento nel rapporto di forze", ma per *l'abbattimento della borghesia*, per la *distruzione* del parlamentarismo borghese, per una repubblica democratica sul genere della Comune o della repubblica dei Soviet, dei deputati operai e soldati, per la dittatura rivoluzionaria del proletariato. Nel socialismo internazionale, ci sono tendenze ancora più a destra di quella di Kautsky; la rivista mensile socialista in Germania (Legien, David, Kolb e molti altri compresi gli scandinavi Stauning e Branting); i Jauressisti e Vandervelde in Francia e Turati, Treves[63] e gli altri rappresentanti

---

63 3 Nde. Filippo Turati (1857 – 1932) fu tra i primi e più importanti leader del socialismo Italiano, fondatore e direttore della rivista Critica Sociale fino all'espatrio clandestino in Francia. Le intenzioni di Turati, di creare un organismo in cui confluissero tutte le organizzazioni popolari, operaie e contadine, si concretizzarono nel congresso di Genova del 1892, in cui nacque il Partito dei Lavoratori Italiani, divenuto nel 1895 Partito Socialista Italiano. Clau-

della destra nel Partito socialista italiano e gli altri rappresentanti della destra; i fabiani e gli "indipendenti" (il "partito operaio indipendente" è sempre stato in realtà, dipendente dai liberali) in Inghilterra e tutti gli altri. Tutti questi signori, che ricoprono un ruolo notevole nell'attività parlamentare e nella stampa del partito, respingono apertamente la dittatura del proletariato rivelando un palese opportunismo. Per essi la "dittatura" del proletariato è "in contraddizione" con la democrazia! In fondo, niente di serio li distingue dai democratici piccoloborghesi. Abbiamo quindi diritto di concludere che la Seconda Internazionale, nell'immensa maggioranza dei suoi rappresentanti ufficiali è completamente caduta nell'opportunismo. L'esperienza della Comune è stata non soltanto dimenticata, ma pure travisata.

Invece di infondere nelle masse operaie la convinzione che si avvicina il momento in cui esse dovranno agire e spezzare la vecchia macchina statale, sostituirla con una nuova e fare del loro dominio politico il fondamento della trasformazione socialista della società, si è inculcato in esse la convinzione contraria e la "conquista del potere" è stata presentata in maniera tale che mille brecce rimanevano aperte all'opportunismo. La deformazione e la congiura del silenzio intorno al problema dell'atteggiamento della rivoluzione proletaria nei confronti dello Stato non potevano mancare di esercitare un'intensa influenza, in un momento in cui gli Stati, muniti di un apparato militare rafforzato dalle competizioni imperialiste, sono divenuti dei mostri militari che mandano allo sterminio milioni di uomini per decidere chi, tra Inghilterra e Germania, tra questo e quel capitale finanziario, dominerà il pianeta.

---

dio Treves (1869 – 1933), politico e giornalista, fu direttore de Il Tempo (dal 1899) e dell'Avanti! (1909-12). Tenace assertore dell'internazionalismo operaio, si oppose all'intervento dell'Italia nel conflitto mondiale. Deputato dal 1906, nel 1922, venne espulso dal partito insieme alla corrente riformista e contribuì alla fondazione del Partito socialista unitario, di cui diresse l'organo La Giustizia.

Poscritto alla prima edizione

Il presente libretto fu redatto nell'agosto-settembre del 1917. Avevo già preparato il piano di un VII capitolo: "L'esperienza delle rivoluzioni russe del 1905 e del 1917", ma, all'infuori del titolo, non ho avuto occasione di scriverne una sola riga; ne sono stato impedito dalla crisi politica precedente la rivoluzione dell'Ottobre del 1917. Non c'è che da rallegrarsi di un tale "impedimento". Ma la seconda parte di questo volumetto "L'esperienza delle rivoluzioni russe del 1905 e del 1917" dovrà per forza di cose essere rinviato a data da destinarsi. È più piacevole e più utile fare "l'esperienza di una rivoluzione" piuttosto che scrivere un volume su di essa.

Pietrogrado, 30 novembre 1917
Vladimir Lenin

Indice